김복희 수필집

그 집 이야기

소리

그 집 이야기

김복희 수필집

1판 1쇄 인쇄 / 2015년 9월 25일
1판 1쇄 발행 / 2015년 9월 30일

지은이 / 김복희
펴낸이 / 우희정
펴낸곳 / 도서출판 소소리

등록 / 제300-2007-21호
주소 03068 서울 종로구 혜화로35, 302-1호
　　　경주이씨 중앙회빌딩
전화 / 765-5663, 010-4265-5663
e-mail : sosori39@hanmail.net
www.sosori.net

값 12,000원

*잘못된 책은 바꿔드립니다.

ISBN 979-11-5891-040-2　　03810

그 집 이야기

김복희 수필집

책을 내면서

　세상에 책이 넘쳐나는데 나까지 책을 출간하여 환경파괴에 한 몫 거들 필요가 있을까 망설이기도 했지만 궁색한 변명을 하자면 올해가 수필가로 등단한 지 10년째 되는 해이고, 가을에 태어나 일흔 번째로 맞는 가을을 그냥 흘려보내기 아쉬워 작은 점이라도 찍고 가고 싶어 욕심을 부려봤다.
　나이가 들면 누구나 지난날에 대한 연민이 일게 마련이다. 나이든 사람들이 옛날가요나 올드팝송을 들으며 눈물을 흘리는 것은 노래 자체가 감동을 주어서가 아니라 그 노래를 부르던 시절의 추억이 떠올라서이다. 어린 시절의 이야기를 풀어내면서 잊혔던 기억들이 망각의 골짜기에서 하나씩 끌어올려질 때마다 혼자 미소 짓기도 하고 눈물을 흘리기도 하였다. 때로는 묻어두어야 할 너무 지저분한 이야기까지 들추어 과거를 욕보이는 것이 아닌가하는 생각을 하기도 했지만 한편으로는 그때 그 시절의 이야기를 하나도 놓치지 않고 완벽하게 표현해 내고 싶은 욕구가 심연으로부터 끓어오르기도 하였다. 그래서 이 글을 쓰는 동안 행복했고 어린 시절로 타임머신을 타고 되돌아간 듯하였다.

가을앓이가 누구보다 심하셨던 어머니, 가을만 되면 어디론가 한없이 떠나고 싶다고 노래하셨던 어머니가 떠나신 계절도 가을이다. 어머니는 안 늙을 줄 알았다. 언제나 젊고 씩씩하게 우리 곁에 계실 줄 알았다. 그런데 언제부턴가 어머니가 노인으로 보이기 시작했다. 구부정한 허리, 희끗희끗한 머리카락, 초점을 벗어난 동문서답, 곰곰이 생각해보니 지금의 내 나이와 비슷한 무렵이었다.

이 책은 8남매 중 유독 어머니의 가을앓이를 물려받은 셋째 딸이 어머님 영전에 바치는 글이다. 책이 나오면 제일 먼저 노란 국화화분과 수필집을 가지고 어머님 영전으로 달려갈 것이다. 수필가가 될 수 있는 감성의 토양을 길러주신 어머님께 감사드리며….

무더위 속에 출판을 맡아 애써주신 소소리사 사장님과 표지를 꾸며주신 성춘복 선생님, 교정을 도와 준 최계영 선생님, 김희자 선생님, 곁에서 묵묵히 도와준 남편과 가족 모두에게 감사의 뜻을 전한다.

2015년 가을에

저자 김복희(金福姬)

▷ 차 례

▶ 책을 내면서

1. 6·25와 나

달랑 겉보리 한 말로 전쟁을 맞다 — · 14
한밤중에 들이닥친 공안원 — · 17
설움 중에 가장 큰 설움은 배고픔 — · 19
생과 사의 갈림길 — · 21
단장의 미아리고개 — · 23
날아간 솜이불 — · 25
떡장수가 되신 어머니 — · 27
미아가 되다 — · 30
역사는 후손에게 바르게 전달되어야 — · 32

2. 목련꽃 피는 교정에서

어린 목련에게 ― · 36
상 처 ― · 40
5분 전쟁 ― · 46
자유로 향한 창 ― · 49
잊지 못할 국어선생님 ― · 55
영민이 ― · 60
운 터진 날 ― · 67
직장과 가정을 오가며 ― · 72

3. 그때 그 시절

원족 가는 날 ― · 78
DDT와 이(虱) 소탕 ― · 81
채변봉투 ― · 84
빵꾸난 양말 깁기 ― · 87
간따꾸와 월남치마 ― · 89
물지게와 똥지게 ― · 92
단발머리와 빡빡이 ― · 96
제니스 라디오와 백색전화 ― · 99
19공탄 ― · 102
다듬잇방망이와 숯불 다리미 ― · 106
땜장이 아저씨와 굴뚝 아저씨 ― · 109

4. 베이스캠프를 그리며

돈암시장 —·114
돈암동 개구리 —·117
미순이 언니 —·121
복희네 집 —·124
여섯 자매 —·127
인자하신 아버지 —·131
엄격하신 어머니 —·134
19번 버스 —·136
범생이 여고생 —·139
창경궁 돌담길 —·142

5. 비 오는 날의 단상

오 해 ― · 146
오도꼬와 마쯔, 온나와 후지 ― · 152
비 오는 날의 단상 ― · 158
전 쟁 ― · 163
우리 동네 할머니를 부탁해 ― · 167
돌조각의 교훈 ― · 171
민달팽이의 죽음 ― · 174
아카시아의 추억 ― · 178
무소유의 삶을 실천할 때 ― · 183
살아있는 백제인을 만나다 ― · 188
철없는 엄마, 철없는 아들 ― · 194
아들아! ― · 199

6. 적당히 늙은 지금이 좋다

40년 만의 해후 —·204
백송 할아버지 —·208
바퀴를 갈아 끼우다 —·211
가을 단상 —·217
엄마의 가을앓이 —·220
노세, 노세, 젊어서 노세! —·224
너도 늙어봐라 —·229
나는 적당히 늙은 지금이 좋다 —·233
청송 사과밭에서 —·237
내가 본 인도 —·241
경복궁에서 만나요 —·247
꽃 따라 바람 따라 —·253

1.
6.25와 나

달랑 겉보리 한 말로 전쟁을 맞다

우리 가족은 이북을 고향으로 둔 실향민이다. 6·25가 일어나기 2년 전 이북에서 토건업을 하시던 아버지가 공산화되어가는 북한 사회에 위협을 느껴 야반도주를 하다시피 먼저 월남을 하셨고 어머니는 나중에 육로와 해로로 온갖 위험을 무릅쓰며 두 번에 걸쳐 세 딸을 데리고 38선을 넘어오셔서 자리 잡은 곳이 돈암동 미아리고개 밑이다.

이북에 손때 묻은 살림살이와 살던 집을 두고 맨몸으로 월남한 우리 가족의 고생살이는 1948년 여름부터 시작되었다. 남한에서 아버지가 새로 시작한 사업은 집을 짓거나 수리할 때 쓰는 건축자재를 만들어서 파는 토건업이었는데 경제사정이 극도로 어렵던 때인지라 재고만 쌓이고 갈수록 우리 가족의 생계는 어려워져갔다.

6·25가 일어난 아침에도 어머니는 식량이 떨어져 아침을 죽으로 때운 후, 세 살 된 젖먹이 딸을 업고 걸어서 사촌 여동생이 사는 명동으로 돈을 빌리러 가셨다. 땀을 비 오듯이 흘리며 명동 입구에 들어선 시각은 오전 11시경, 그때 갑자기 38선에서 전쟁이 터졌다는 호외가 뿌려지고 예서제서 웅성거리는 소리와 귀가 길을 재촉하는 사람들의 발걸음으로 거리가 삽시간에 아수라장으로 변하였다. 후들거리는 발걸음으로 가까스로 사촌 여동생 집에 도착했을 때는 이미 라디오 뉴스로 전쟁소식이 전해진 뒤라, 전쟁이 났다는데 누가 돈을 꿔 줄 것이며 어떻게 돈을 꿔달라고 할 수 있겠는가.

  결국 어머니는 용건도 꺼내지 못하고 주린 배를 움켜쥐고 되돌아오셨는데 이미 전쟁소식이 퍼진 후라 거리엔 너나 할 것 없이 식량을 구하러 다니는 사람들로 가득 찼고 평소엔 한복을 곱게 차려입고 귀부인 행세를 하던 안방마님들까지 머리에 쌀자루를 이고 어디론가 황급히 달려가고 달려오더란다.

  허둥지둥 집으로 돌아오신 어머니가 가까스로 돈 몇 푼을 마련해 싸전으로 뛰어 갔더니 쌀은 이미 동이 났고 달랑 겉보리 한 말이 남아 있어 그것도 다행이라 여기고 덥석 안고 오셨는데 비상시 여섯 식구의 식량으론 턱없이 부족한 양이었다. 그 보리쌀도 아껴야하였기에 호박이나 콩나물을 넣고 멀겋게 죽을 끓여 한두 끼를 때우며 살았는데 그때 다섯 살이었던 셋째 딸

달랑 겉보리 한 말로 전쟁을 맞다

이 영양실조로 야맹증에 걸려 낮엔 멀쩡하다가도 저녁만 되면 집을 못 찾고 주변을 헤매고 다녀서 가족들의 애를 태웠다. 그 야맹증에 걸려 헤매던 셋째 딸이 바로 나였다.

한밤중에 들이닥친 공안원

　아직까지 6·25를 남침이니 북침이니 운운하는 사람들을 보면 울화가 치민다. 그들의 주장대로 북침이었다면 어떻게 전쟁을 일으킨 나라가 탱크 한 대도 없이, 주말이라고 일선의 군인들을 휴가 보낼 수 있는가. 더욱이 전쟁이 터진 지 3일 만에 수도 서울을 적에게 내줄 수 있는가. 그와 반대로 북한인민군은 소련제 탱크를 앞세우고 파죽지세로 밀고 내려와 남침을 감행한 지 3일 만에 서울을 완전히 점령하지 않았는가. 상식적으로도 그렇고 역사적으로 봐도 그렇고 전쟁을 하려면 미리 준비를 해야 하고 미리 전쟁을 준비한 나라가 초장에 기선을 제압하여 우세하지 않은가.
　당시 대한민국의 초대 대통령이었던 이승만은 얼마나 다급했던지 스스로 한강대교를 폭파시키고 대전으로 피난을 갔다. 그

때문에 서울 시민들은 발이 묶여 꼼짝 못하고 석 달 동안 공산 치하에서 고생을 했는데 특히 우리 가족처럼 월남한 가족은 1차 숙청대상이어서 밤에도 다리를 펴고 잘 수가 없었다.

아니나 다를까 한밤중에 공안원들이 동네 반장을 앞세우고 아버지를 잡으러 왔다. 그런데 주무시던 아버지가 용케 눈치를 채시고 간발의 차이로 도망을 치셨는데 어떻게 주무시던 아버지가 도망을 칠 수 있었을까. 사연인 즉, 평소에 아버지를 좋게 보았던 동네 반장님이 우리 집으로 들이닥치기 전에 엉뚱하게 옆집 대문을 두드리며 '김형! 김형!' 하고 큰소리를 질러 아버지가 직감적으로 눈치를 채고 벌떡 일어나 뒷문으로 도망을 치셨다. 그런 다음 어머니가 재빨리 아버지가 베고 주무시던 베개를 다락 위로 집어던지고 그 자리에 누웠는데 간발의 차이로 들이닥친 공안원이 아버지가 주무시던 자리를 희번덕거리며 훑어보는데 그때 어머니 간이 콩알만해지셨단다. 그 후로 아버지는 산속으로 피신을 하셨고, 어머니 혼자 네 딸을 데리고 살림을 꾸려나가게 되셨다.

설움 중에 가장 큰 설움은 배고픔

아버지가 피신을 하신 후론 굶주림이 더욱 심해졌다. 가장이 없고 식량마저 떨어진 우리 가족에겐 전쟁의 공포보다 굶주림의 공포가 더 컸다. 이때 우리 가족의 굶주림을 보다 못한 이웃집 아주머니가 시골 자신의 친정동네에 가서 식량을 구해보라고 귀띔을 해 주셨다니 죽으란 법은 없는가 보다.

어머니가 시골로 물물교환을 하러 다니신 후부터는 굶주림에서 벗어났으나 어머니의 고생은 이루 다 필설로 표현할 수가 없다. 어머니가 시골에 가실 때는 청계천이나 동대문시장에 나가 시골사람들이 좋아할 만한 물건들, 그때 한창 유행하던 비로도 치마나 가죽구두, 모직바지 같은 값나가는 물건을 구입해 가셔서 시골 사람들이 갖고 있는 농산물과 맞교환을 하는 것이다.

젖먹이 여동생을 업고 의정부에서도 30리 길을 더 들어가야 하는 곳에서 쌀 한 말, 보리 한 말, 감자 한 관을 머리에 이고 양손에 들고 돈암동까지 걸어오셨다니 자식을 굶기지 않으려는 어머니의 강한 모성애가 초인적인 힘을 발휘한 것이다. 그러나 그때 어머니는 무릎이 망가져서 평생 고생을 하며 사셨다.

　어머니가 서울과 시골을 오가며 식량을 구해 오시던 일은 9·28수복이 되어 산속에 숨어 계시던 아버지가 돌아올 때까지 계속되었으니 맥아더 장군의 인천상륙작전이 성공하지 못했더라면 어머니의 고생은 언제까지 계속됐을지 모르는 일이다. 6·25때 너무 굶주리고 식량 때문에 혼이 나신 어머니는 쌀통에 쌀이 달랑거리는 것을 제일 싫어하신다. 90년대까지만 해도 우리 집엔 늘 일 년 치 쌀가마니가 쌓여 있었다. 여름이면 쌀벌레가 기어 다니고 바구미가 날아다녀서 식구들의 원성이 높아져도 꿋꿋하게 그 일을 하시며 "설움 중에 제일 큰 설움이 배고픈 설움이다" 하신다. 어머니의 이 말씀은 거의 신앙에 가까우셨다.

생과 사의 갈림길

3개월간의 공산치하에서 서울 시민을 구해준 것은 맥아더 장군이 이끄는 유엔군과 국군의 인천상륙작전이다. 그러나 상륙작전이 개시되면서 서울에 주둔하고 있는 북한 인민군을 격퇴시키기 위해 퍼부은 원거리 함포사격으로 무고한 서울 시민들이 많이 희생된 것도 사실이다. 특히 적의 퇴로였던 미아리 고개에는 집중포격이 가해진 곳이어서 우리 가족은 지옥문 앞에 서 있었다 해도 과언이 아니다. 밤새 퍼붓는 포탄소리를 들으며 뜬눈으로 지내고나면 뒷집, 옆집이 온데간데없이 사라져 한동네에 줄초상이 나기도 했다.

포탄 떨어지는 소리를 하도 많이 듣다보니 나중엔 감이 생겨서 소리만 들어도 포탄이 대강 어느 지점에 떨어지는지 알게 되었다. 짧게 '윙!' 소리가 난 다음에 '꽝!' 하고 떨어지면 가까운 곳에 떨어지는 포탄이고, '위~이~잉~~~!' 소리 다음에 '꽝!' 소리가 나면 미아리고개 너머로 멀리 떨어지는 포탄이었으니 포탄 떨어지는 소리에 따라 사람들의 간이 붙었다 떨어졌다 하였다.

  밤새 포탄이 비 오듯 퍼부은 다음 날 어머니는 큰언니(12살)와 작은언니(8살)를 미아리고개 너머에 있는 아는 사람 집으로 보냈다. 가족이 한군데 모여 있다가 한꺼번에 몰살당할 것을 우려해서 어머니가 고심 끝에 내린 단안이었다. 그러나 그날 저녁, 날이 어두워지자 작은언니가 어찌나 집으로 가자고 울던지 견딜 수가 없어 큰언니가 동생 손을 잡고 집으로 돌아왔는데 기절초풍할 일은 두 언니가 나온 후 그 집이 폭격을 맞아 폭삭 내려앉았다. 가끔 작은언니는 그때를 회상하며 "그날 그 집이 너무 무섭고 싫어서 무조건 나오고 싶더라고, 언니는 나 때문에 산 줄 알아!" 한다. 어린애가 무슨 짚이는 것이라도 있었던 걸까. 전쟁은 늘 이렇듯 신화를 만든다. 그리고 아무리 절체절명의 순간이라도 살 사람은 산다.

단장의 미아리고개

 그 당시 미아리고개는 전략적으로 중요한 곳이었다. 서울의 마지막 관문이자 적의 중요한 퇴로였기 때문에 아군과 적군의 치열한 공방전이 펼쳐졌던 곳이고 군수물자를 실어 나르는 통로였다. 현재 미아리고개는 몇 차례의 공사를 거쳐 많이 넓어지고 낮아졌지만 내가 어렸을 적에 미아리고개는 좁고 경사가 가팔라서 짐을 가득 실은 트럭이나 소달구지가 낭떠러지 밑으로 가끔씩 떨어지곤 했다.
 낙동강 유역까지 밀고 내려갔던 북한인민군은 맥아더 장군이 이끄는 유엔군과 우리 국군의 인천상륙작전으로 전세가 불리해지자 대대적으로 남한의 정치 지도자, 경찰 간부, 학계 저명인사들을 북한으로 끌고 갔다. 한밤중에 절버덕거리는 소리가 나서 유리창 문틈으로 미아리고개 위를 올려다보면 흰 바지저고리를 입은 남자들이 대여섯 명씩 줄줄이 손발이 묶인 채 끌려 가는데 어머니는 밤마다 몰래 그 광경을 보셨다고 한다. 어머니가 의정부 쪽으로 식량을 구하러 가시는 날은 그 사람들을 더욱 가까운 거리에서 볼 수 있었는데 대부분 안경을 쓰고 얼굴이 허여멀겋게 잘 생긴 남자들이었다고 한다. 낮에는 미군의 공습을 피해 숲속에 숨겨놓았다가 주로 밤에 끌고 가는데 애처로운 것은 그들이 다리를 절며 걸어간 길 위에 퉁퉁 불은 보리쌀이 줄지어 흩어져 있더란다. 그들이 설사를 하면서 끌려간 것이리라.

끌려가는 당사자의 고통도 컸겠지만 이를 곁에서 지켜보는 아내나 어머니의 마음은 또 얼마나 아팠을까. 오죽하면 창자가 끊어지는 단장(斷腸)의 고통에 비유했을까. 그래서 6·25전쟁이 끝나고 탄생한 노래가 「단장의 미아리고개」이다.

'미아리 눈물고개, 임이 넘던 이별고개, 화약연기 앞을 가려, 눈 못 뜨고 헤매일 때, 당신은 철사 줄로 두 손 꼭꼭 묶인 채로, 뒤돌아보고 또 돌아보고, 맨발로 절며 절며, 울고 넘던 그 고개여, 한 많은 미아리고개'

가끔 화려한 드레스를 차려입은 젊은 여가수가 생글거리며 이 노래를 부르면 영 마뜩치 않다. 어떻게 우리 민족의 비극을 노래하는 슬픈 노래를 웃으며 부를 수 있는가. 「단장의 미아리고개」는 참뜻을 알고 숙연하게 불러야 할 노래이다.

날아간 솜이불

  1·4후퇴 때 나는 여섯 살이었다. 빛바랜 6·25사진을 보면 피난민들이 기차지붕 꼭대기에 실려 가는 것을 볼 수 있는데 그 기록사진이 바로 우리 가족의 모습이다. 3개월간의 공산치하를 경험한 서울시민들은 죽더라도 피난가다 죽자는 심정으로 한꺼번에 기차역으로 몰려들어 역마다 아수라장을 이루었다.
  우리 가족도 그 인파에 휩쓸려 겨우 부산으로 가는 화물차 지붕에 몸을 실었는데 한겨울, 정확히 말해서 1월 24일의 겨울바람은 살을 에는 듯 차가웠다. 너무 추운 나머지 하루 종일 두꺼운 솜이불을 덮고 누워 있어야 했는데 잊을 수 없는 것은 기차가 조치원역 부근쯤에 이르렀을 때 갑자기 우리가 덮고 있던 솜이불이 마치 알라딘의 요술담요가 하늘을 날듯이 펄럭이며 날아가 논바닥에 떨어진 일이다.

엄동설한에 두터운 솜이불 한 채면 큰 재산인데 어쩌다 이불을 날려 보냈을까. 전쟁이 끝난 후에도 한동안 이 사건은 우리 집안에 화제였다. 당시 이불을 덥고 누워 있었던 언니와 삼촌의 얘기를 빌리면, 처음엔 손으로 이불 한 자락씩을 붙들고 날아가지 못하도록 잡고 있다가 점차 손이 시리니까 손대신 입으로 물었고 공교롭게도 세찬 바람이 불 때 숨을 쉬려고 일시에 이불에서 입을 떼었기 때문에 이불이 날아간 것이라 한다.

경부선엔 터널이 참으로 많았다. 터널을 지날 때마다 석탄을 태울 때 나오는 연기가 터널 속에 가득해서 터널을 빠져나온 후에 얼굴은 서로 쳐다보기 민망했다. 자나 깨나 식량 걱정인 어머니가 기차가 멎었을 때 쌀 한가마니를 사셨는데 한참 후 쌀가마니가 보이지 않자 쌀을 도둑맞았다고 법석을 떨고 나서 자세히 보니 원래 두었던 자리에 새까맣게 연기를 뒤집어쓴 쌀가마니가 얌전히 놓여있었다.

터널 속엔 일산화탄소 가스도 많았다. 당시 여섯 살이었던 내가 터널을 지나면서 가스에 질식돼 정신을 잃었던 장본인이다. 당시 9살이었던 둘째 언니가 그때 상황을 소상히 기억하며 이렇게 말한다. "너 조금만 늦었어도 지금 여기에 없어. 엄마가 울면서 흔들어 깨우니까 한참 만에 휴~ 하고 숨을 내쉬더라." 혹, 그때 뇌 회로에 이상이 생긴 것은 아닐까, 유난히 건망증이 심해서 해보는 소리다.

떡장수가 되신 어머니

　피난민을 태운 열차는 정해진 시간이 없었다. 가다 서다를 반복하며 우여곡절 끝에 부산에 도착했지만 일가친척도 없이 추위를 피할 곳이라곤 영도 바닷가에 바람이 숭숭 들어오는 거적때기 문을 열고 들어가는 판잣집뿐이었다. 부산은 연일 밀려드는 피난민으로 포화 상태가 되어 식수, 전력난은 물론이고 위생상태가 엉망이 되어 전염병이 돌았다. 당시 피난민촌을 휩쓸었던 전염병은 장티푸스라는 무서운 병이었는데 우리 가족도 전염병을 피해가지 못하여 아버지, 어머니, 큰언니가 줄줄이 앓아누워 하마터면 온 가족이 죽을 뻔했다.
　설상가상으로 당시 35세였던 아버지마저 제2국민병으로 차출돼 다섯 식구의 입은 오롯이 어머니 손에 달렸다. 이번엔 어머니가 떡장수로 가족을 먹여 살렸다. 새벽부터 떡을 만들어머리에 이고 국제시장으로 팔러 가셨는데 그날 팔리는 돈으로 쌀을 사서 다음 날 떡을 만들어 다시 나가 팔아야하는 하루살이 인생으로 전락했으니 어머니의 심신이 얼마나 고달팠을까.

 떡장수를 하시면서 어머니가 가장 힘드셨던 일은 하루 종일 떡함지만 지키고 앉아 있을 수 없어 잠깐 변소에 다녀오시면 그사이 떡이 현저히 줄고 때로는 보는 앞에서도 떡을 집어 가는 일이었다. 영화「국제시장」에서도 보았듯이 자갈치시장 주변과 국제시장 부근에는 북쪽에서 밀려 내려온 피난민 날품팔이 노동자들이 진을 치고 있었는데 하루 종일 굶다보면 충분히 그런 짓을 할 수 있을 거란 생각이 든다.

 하루 종일 떡 팔러 나간 어머니를 기다리는 일도 어린 자식들에겐 힘든 일이었다. 엄마를 기다리다 지치고 심심하면 등대에 나가 놀았는데 등대에 나가면 해녀들을 볼 수 있었다. 커다란 물안경으로 얼굴을 가리고 둥근 바가지를 타고 바다 속으로 들어가면 한참 후에 모습을 드러냈는데 그때 그녀들이 내뿜는 휘파람 소리가 온몸을 오싹하게 했다.

 바닷가에서 어슬렁거리다가 운이 좋은 날은 굿판을 구경했다. 꽹과리소리가 격렬해지고 신이 오른 무당이 펄쩍펄쩍 뛰어오르면 가족들이 오열하던 모습이 어렴풋이 기억나는데 굿판의 마지막은 항상 길게 늘어뜨린 흰 무명천이 등장했다. 지금 생각해보니 그 굿은 망자의 원혼을 달래어 극락왕생하게 하는 씻

김굿이 아니었나한다.

　해변에는 늘 파도가 철썩거렸다. 날씨가 좋은 날은 파도가 잔잔하고 바람이 센 날은 파도도 거셌다. 언제나 바다 한복판에서 만들어진 파도는 쉴 새 없이 해변으로 밀려오고, 밀려온 파도는 방파제에 부딪치고 그때마다 흰 물거품이 하얗게 부서지곤 했는데 하루 종일 봐도 싫증이 나지 않았다. 오가는 연락선에서 '뚜우~' 하고 뱃고동소리가 길게 뿜어 나오면 어린 나이에도 뭔지 모를 슬픔이 복받쳐 가슴이 뭉클하던 기억이 피난 시절의 아련한 추억으로 깊이 갈무리 되어 있다.

미아가 되다

 피난 시절 나에게 평생 잊지 못할 충격적인 사건이 있었다. 그날은 왠지 아침부터 엄마와 떨어지고 싶지 않아 떡함지를 이고 나가는 엄마 뒤를 칭얼대며 꽤 멀리까지 따라갔다. 엄마는 몇 번이나 뒤돌아보며 애가 타서 얼른 집으로 가라며 어르고 달래고 하셨지만 난 막무가내로 뒤따라갔다. 빨리 가서 목 좋은 곳에 좌판을 벌이려는 엄마는 걸음을 재촉했고 그 뒤를 울며 쫓아가던 나는 그만 엄마의 뒷모습을 놓쳐버렸다. 집으로 돌아가기엔 너무 멀리 왔고 엄마를 쫓아가자니 엄마의 모습은 보이지 않고 그야말로 진퇴양난에 빠진 것이다.

 그때부터 나는 이 골목 저 골목을 헤매는 미아가 되었다. 이대로 집을 못 찾으면 어쩌나, 영영 엄마를 못 만나면 어쩌나 하는 생각에 눈물이 쏟아지고 정신이 아득했다. 걸친 옷도 볼

썽사납기 그지없고 눈물 콧물로 범벅이 된 일곱 살 계집아이 몰골은 그야말로 최악이었다. 그때 문득 문둥이가 아이들을 잡아다가 간을 빼먹는다는 소문이 떠올랐다. 순간, 머리칼이 쭈뼛 섰고 겁에 질려 한 발자국도 걸을 수가 없었다. 그래서 나는 무조건 앞에 걸어오는 어느 신사 팔에 매달려 살려달라고 애원을 했다.

  다행히 좋은 분을 만나 집까지 데려다 주어 무사히 귀가는 했지만, 미아가 되었다가 죽을 고생 끝에 돌아온 동생을 보는 언니들의 표정은 별로 반가워하는 눈치가 아니었다. 아마도 언니들은 내가 밖에 나가 놀다 돌아온 것쯤으로 알고 있는 것 같았다. 그도 그럴 것이 언니들은 내가 아침부터 고집을 부리며 엄마 뒤를 쫓아간 사실을 모르고 있었으니까. 저녁에 집에 돌아오신 엄마도 얌전히 집에 있는 나를 보고 아무 말씀도 하지 않으셨다.

  결국 그날의 사건은 나 혼자서만 울며불며 거리를 뛰어다니다가 겁에 질려 낯선 아저씨 팔에 매달려 천신만고 끝에 집으로 돌아온 해프닝이었을 뿐, 아무도 내가 미아가 되어 거리에서 헤매고 다닌 것을 모른다. 지금도 언니들에게 그때 얘기를 하면 60년 전처럼 반응이 시큰둥하다.

역사는 후손에게 바르게 전달되어야

　지긋지긋했던 피난생활을 끝내고 다시 서울로 돌아온 것은 휴전협정이 체결된 직후인 한여름 밤이었다. 한강물이 많이 불어서 비교적 수심이 얕은(지금의 뚝섬 부근)곳을 골라 아버지와 어머니는 어린 자식들의 손을 잡고 등에 업고 위험천만하게 한강을 건넜다. 그때도 하마터면 14살이었던 큰 언니가 급류에 떠내려갈 뻔하였다니 지금 생각하면 참 무모한 짓을 했다싶지만 한강대교가 복구되지 않은 당시로서는 어쩔 수 없는 노릇이었다.
　피난살이하느라 먹고 살기 급급해서인지 부모님은 9살이 되서야 나를 돈암초등학교에 입학시켰다. 자랄 땐 오뉴월 하룻볕이 어디냐는 말도 있듯이 한 살 더 많은 나는 다른 아이들보다 머리 하나가 더 컸다. 언제나 맨 뒤에 서 있는 게 창피하고 싫어서 슬금슬금 앞으로 다가가면 선생님이 어느새 알고 오셔서 맨 뒷줄로 끌고 가 세워놓곤 하셨다. 텅 비었던 서울에 피난민들이 돌아오면서 학생들이 늘어나 2부제 수업을 하고도 모자라 3부제 수업을 했다. 교실도 모자라 전쟁 때 미군부대 막사로 썼던 건물을 교실로 사용했다. 둥근 양철지붕이라 여름엔 덥고 겨울엔 유난히 추웠던 기억이 생생하다.

 지금 자라는 청소년들에게 6·25전쟁 이야기를 들려주면 별로 믿지 않는 눈치다. 그리고 별로 흥미도 없는 것 같다. 그저 못난 조상들이 먼 옛날에 겪었던 구질구질한 이야기 정도로 느끼는 것 같다. 그만큼 우리 역사교육에 문제가 있다는 증거이기도 하거니와 60여 년이 흐르다 보니 전쟁을 몸소 치열하게 겪었던 세대들이 거의 세상을 등진 후라 전쟁의 참상을 리얼하게 들려 줄 사람들이 거의 사라지고 없기 때문이기도 하다. 지금 이 이야기를 들려주신 어머니도 3년 전에 돌아가셨다.

 역사는 후손에게 바르게 전달되어야 한다. 불과 60여 년 전에 일어난 사건을 가지고도 이 땅에는 자신이 처한 입지와 이념에 따라 엇갈린 주장을 하고 아전인수식의 말과 행동을 하는 사람들이 많다. 이들은 지금이라도 늦지 않으니 6·25의 실상과 참상을 정확히 알아서 국론분열을 일으키는 말과 행동을 자제해야 한다. 그것이 못다 피고 죽어간 호국영령들에 대한 도리요 책임이기 때문이다.

2.
목련꽃 피는 교정에서

어린 목련에게

 3월초, 월요 애국조회를 서는 날이다.
 '동해물과 백두산이 마르고 닳도록…' 애국가 첫 소절을 부르다 그만 깜짝 놀랐다. 국기게양대 옆에 서 있는 어린 목련나무의 하얀 꽃잎이 모두 누렇게 시들었기 때문이다. 활짝 핀 꽃잎이라면 피었다 지는 것이려니 하겠지만 저 꽃잎들은 이제 막 피려고 뾰족이 입을 내밀었거나 반쯤 핀 상태인데 누렇게 변한 것이다. 그러나 나는 곧 그 누런 꽃잎이 동상에 걸린 걸 알았다.
 웬일인지 며칠 전부터 선심 쓰듯 따스한 봄바람이 살랑대며 분다했더니 어젯밤부터 돌연 앙칼진 여인의 성깔처럼 매서운 칼바람이 불어왔다. 가여워라! 단 한 번의 꽃잎을 틔우기 위해 겨우내 어린 목련은 얼마나 많은 시련을 참아냈던가. 진짜 봄바람과 가짜 봄바람을 구별하지 못하고 성급히 봄을 맞이하려다 동상에 걸린 어린 목련을 보니 새삼스럽게 어릴 적 일이 떠오른다.

어린 시절, 집집마다 처마 끝에 엿가락처럼 길게 늘어졌던 고드름이 녹기 시작하고 앞산 진달래가 무섭게 꽃망울을 부풀리기 시작할 즈음이면 나는 겨우내 지겹게 입고 지내던 두꺼운 스웨터와 바지를 벗어버리고 산뜻한 봄옷으로 갈아입고 싶어 안달을 하곤 했다. 그럴 때마다 어머니는 단호한 눈빛으로 안 된다고 하시며 3월은 아직 봄이 아니라고 말씀하셨다.

그러던 어느 날 어머니가 외출하신 틈을 타서 다락방으로 올라갔다. 지금처럼 수납장이 풍족하지 못한 시절에는 집집마다 철이 바뀌면 안 입는 옷을 보자기에 싸서 다락방에 보관하였고 애지중지 귀하게 여기는 물건들도 고리짝에 넣어 다락방 깊숙이 보관하였다. 그래서인지 다락방하면 언제나 호기심으로 두근거리는 가슴을 안고 몰래 드나들던 어린 시절이 생각난다. 그날 어머니 몰래 다락방에 올라간 나는 잘 정리해 놓은 보따리 하나를 풀어서 봄 옷 한 벌을 살짝 꺼냈다. 거울에 비친 내 모습은 신데렐라가 따로 없었다. 검은 바탕에 꽃무늬가 찍힌 후레아 스커트를 입고 한 바퀴 돌면 스커트가 사방으로 퍼져 허벅지까지 드러나고 동그란 칼라가 달린 노란색 블라우스는 얼마나 예쁘던지….

그날 단발머리 소녀는 치마를 입고 하루 종일 거리를 쏘다녔다. 부러워하는 사람들의 시선을 받으며. 이것도 지금 생각해 보니 나의 착각이었던 것 같다. 조그만 계집아이가 바람도 쌀쌀한데 치마를 입고 돌아치니 감기라도 걸릴까봐 걱정스러워 쳐다보았던 것을 내가 예뻐서 쳐다보는 줄 알았으니 내 공주병의 역사는 그때부터 시작된 것이 아닌가 싶다. 아니나 다를까, 그날 저녁부터 목이 뜨끔거리더니 급기야는 밤새 고열이 났다. 다음날 학교는 갈 엄두도 내지 못했고 밥도 삼키지 못했다. 정말 지독한 감기였다. 덕분에 그해 봄은 봄이 무르익어 다할 때까지 두꺼운 스웨터와 긴 바지를 벗지 못하고 지냈다.

그 조락의 비극이 있은 며칠 후, 나는 무심코 교정의 뜨락을 거닐다가 다시 한 번 크게 놀랐다. 늙은 목련나무 한 그루가 순백색의 하얀 꽃잎을 드러내고 눈부시게 피어 있는 것이 아닌가. 바로 그 옆에는 동상에 걸린 어린 목련이 누렇게 시든 꽃잎을 달고 울고 있었다. 그 어린 목련을 향하여 늙은 목련이 이렇게 속삭이는 듯했다. '어린 목련아! 삶은 기다림이란다. 살랑살랑 봄바람이 분다고 봄이 온 것이 아니란다. 땅 밑에는 아직도 두꺼운 얼음이 남아 있어서 땅 속까지 얼음이 다 녹아야 진정 봄이 온 것이란다. 기다릴 줄 아는 사람이 삶에서 성공하는 거란다. 성숙으로 가기 위해서는 시간이 필요한 거란다'라고.

요즘 젊은이들에게 '인생에는 경험이 중요하다'고 말하면 그네들은 서슴지 않고 '경험이 뭐 그리 중요 합니까'라고 대꾸하며 나이든 사람들의 말에 귀 기울이지 않는다. 지식과 이성의 판단만을 제일로 여기는 그네들에게는 3, 4, 5월은 분명 봄일 것이다. 그러나 눈이 펑펑 쏟아지는 3월도 있고 살얼음이 어는 4월도 있으며 서리가 내리는 오뉴월이 있다는 것을 어떻게 설명할 것인가.

어머니 몰래 성급히 봄단장을 하고 나섰다가 지독한 감기에 걸려 그해 봄이 다가도록 고생했던 단발머리 소녀가 이제 지천명의 고개를 넘으며 어린 목련을 보는 감회가 남다른 이유는 무엇일까? 나도 늙은 목련만큼이나 오래 살았나 보다.

상 처

나른한 5월의 오후!
점심을 먹고 나니 사정없이 식곤증이 밀려든다. 생각 같아선 두 다리 뻗고 한숨 늘어지게 자고 싶지만 교무실이니 그럴 순 없고 옹색하지만 책상 위에 엎드려 잠깐 눈을 붙여 볼 수밖에. 겨우 5분쯤 지났을까, 5교시 수업을 알리는 종소리가 귓전을 때린다. 아무도 모르게 입가에 흘린 침을 닦으며 천근만근 늘어진 몸을 일으켜 교실을 향해 계단을 오르는 순간, '와장창!' 유리창 깨지는 소리가 날카롭게 들려온다. 소리가 심상치 않다. 뭔가 큰일이 터진 것 같다. 본능적으로 소리 나는 장소로 뛰어갔다. 아니나 다를까 한 아이가 의자를 들고 교실과 복도 유리창을 닥치는 대로 부수고 날카로운 유리조각을 양손에 쥐고 어떤 아이를 찌르겠다고 쫓아다니며 협박중이다.

일촉즉발의 위기! 쫓기는 아이와 쫓는 아이는 선생님이 교실에 들어왔다는 사실조차도 모른 채 책상 위를 펄쩍펄쩍 뛰어다니며 소리소리 지른다. 무엇이 이 아이들을 이토록 광분하게 만들었을까. 그러나 지금은 전후좌우 사연을 들어볼 겨를도 없거니와 아이를 설득할 시간적 여유도 없다. 우선 유리조각을 손에서 내려놓게 해야 한다. 나는 아이가 교단 가까이 왔을 때 아이 뒤쪽으로 다가가 와락 끌어안았다. 아이의 광기를 멈추게 하려면 뭔가 파격적인 행동이 필요하다고 판단했기 때문이다. 지금 생각하면 아찔하다. 어디서 그런 무모한 용기가 솟았을까.

결국 사건은 곧 뒤따라온 남자선생님에 의해 해결했다. 그것도 아주 간단히 '강민영! 그 유리조각 손에서 놓지 못해!' 이 호통 한마디에 그 아이는 손에서 흉기를 내려놓고 순한 양처럼 얌전해졌다. 남자 선생님 덕분에 사건은 종결됐지만 뒷맛이 씁쓸하다. 여선생인 내가 말릴 땐 들은 척도 않더니 남자 선생님의 호령 한마디엔 저리도 순해질 수가 있단 말인가.

5교시 수업을 하러 교실에 들어갔지만 워낙 충격이 커서 다리가 후들거리고 아직도 가슴이 두근거린다. 두근거릴 뿐만 아니라 가슴 옆에 통증이 느껴진다. 시간이 갈수록 통증이 심해진다. 불길한 생각이 들어 가슴에 손을 넣어보았더니 이건 또 무슨 일인가. 투피스 상의에 날카롭게 베인 자국이 5센티 가량 나있고 더 기절초풍할 일은 손끝에 선혈이 묻어나는 것이다.

몸부림치는 아이를 뒤에서 껴안았을 때 유리조각에 베인 것이다. 다행히 상처가 깊지 않아 양호실에서 응급처치를 받았지만 하마터면 큰일 날 뻔하지 않았는가.

퇴근 무렵, 민영이 어머니라는 분이 찾아 오셨다. 아마 민영이 담임선생님이 연락을 하셨나 보다. 고개를 푹 숙이고 사죄하는 민영이 어머님의 모습은 한눈에 보아도 아들을 꺾지 못하는 나약한 어머니 모습이다. 나는 민영이 어머님보다 아버님이 만나보고 싶어졌다. 보통 사춘기에 접어든 사내아이들은 엄마의 말은 귓등으로 듣는다. 다음날 민영이 아버지를 상담실에서 만났다.

"죄송합니다!"

머리를 숙이고 사과부터 하시는 민영이 아버지는 겉으로 봐선 별 문제가 없어 보인다. 작은 체구에 예쁘장한 얼굴이 민영이와 매우 비슷하다. 그런데 그 다음부터가 문제다. 묻지도 않은 말을 혼자서 술술 꺼내는 거다.

"저두 중. 고등학교 때 매일 싸우고 돌아다녀서 부친으로부터 무척 매를 많이 맞고 자랐습니다. 아버님이 경찰관이셨는데 어찌나 무서운지 아버지 앞에서는 꼼짝도 못하다가 대문밖에 나가면 애꿎게 동네 애들을 패고 다녔지요."

"그럼, 아버님은 민영이를 어떻게 키우셨나요?"

아버지는 서슴없이 "아유, 저두 자식 놈을 엄청 때려서 키웠어요. 한 번 때렸다 하면 반쯤 죽여 놓을 정도니까요."

"그러니까 민영이가 아버님을 닮았군요?"

"아닙니다. 저는 밖에서만 싸우고 다녔지, 학교 가서는 절대로 안 싸웠습니다. 이게 뭡니까? 아비를 학교까지 오게 만들고, 나 원 창피해서, 도대체 이 녀석이 뭐가 불만이랍니까? 해 달라는 것은 다 해 주는데, 돈 달라면 돈 주고, 옷 사 달라면 옷 사주고, 컴퓨터까지 사줬습니다."

민영이 아버지의 말씀이 끝나기를 기다려 나는 이렇게 말씀드렸다.

"민영이 아버님! 민영이에겐 비싼 옷과 컴퓨터보다는 아버님의 따뜻한 사랑과 칭찬 한마디가 필요합니다."

민영이 아버지 표정이 못 먹을 것을 삼킨 듯 떨떠름한 표정으로 변한다. 그러나 나는 내친 김에 한마디 더 했다.

"민영이 아버님이 옛날에 아버지에게 매를 맞으면 동네에 나가 화풀이를 하신 것처럼 지금 민영이도 똑같습니다. 아버님이 너무 무서우니까 이 아이도 밖에 나와 발산하는 것입니다. 앞으로 민영이를 때리지 마세요. 한창 반항기에 있는 애들은 때릴수록 빗나가기 쉽습니다. 시간은 좀 걸리겠지만 느긋한 마음으로 부자지간에 얽힌 감정을 대화로 풀어 보세요."

민영이 아버지의 낯빛이 붉으락푸르락 변한다. 이쯤 대화가 오가면 상대방의 표정이나 말투에서 어느 정도 상대방의 말을 받아들이는지 알 수 있다. 그런데 민영이 아버지는 전혀 변화가 없어 보인다. 오히려 화를 내고 있다. 씁쓸하다. 어쩌면 저리도 심은 대로 거둘까? 민영이의 자제하지 못하는 성격과 난폭한 기질은 아버지의 그 아버지 대부터 내려오는 대물림 아닌가.

 2주쯤 지나 상처가 거의 아물 무렵, 민영이를 조용히 상담실로 불러 상처 부위를 똑바로 보라고 했다. 선생님의 신체 일부를 보라고 했으니 아이는 얼마나 당황했으랴. 거의 울상이 된 민영이에게 이렇게 말해 주었다.

 "앞으로 세상을 살아가는 동안, 화가 치밀어 분별력을 잃을 때 이 상처를 떠올리고 참아라. 네가 이후로 절대 싸우지 않고 새 사람이 된다면 선생님의 상처는 훈장이 될 것이고, 그렇지 않을 경우 영원히 상처로 남게 될 것이다."

 "선생님, 제가 잘못 했어요. 앞으로 절대 싸우지 않겠어요."

 아이는 눈물을 뚝뚝 흘리며 무릎을 꿇었다.

 며칠 전, 옷을 갈아입다가 문득 거울에 비친 가슴에 상처를 보았다. 가슴 옆쪽이기 때문에 일부러 살펴보지 않으면 보이지 않기에 그동안 잊고 살았다. 그런데 새삼스레 잊고 살았던 상처가 눈에 띄는 순간, 그때 절박했던 상황이 필름처럼 머릿속을 스치고 지나간다. 중학생이라고 하기에는 너무도 대담하고 난폭했던 모습이 눈에 선해 전율이 인다. 오늘 학교에 가면 민영이의 근황을 알아봐야겠다. 그러나 막상 민영이의 소식을 접하고 나니 안들은 것만 못하다. 고등학교에 가서도 여전히 그 버릇을 고치지 못해 싸움질 하다가 결국은 지금 소년원에 가있다는 것이다. 결국 그렇게 되었구나! 시작하기도 전에 벌써 인생의 막장까지 가버린 아이, 그렇게 만든 책임은 과연 누구에게 있는 것인가!

"선생님 용서해 주세요, 앞으론 절대 싸우지 않겠어요!" 울먹이며 고개 숙인 옆얼굴에 뽀얗게 솜털이 피어있던 아이, 조금만 사랑과 관심으로 대해 주면 쉽게 뉘우치고 감동하는 순진한 아이들인데 어쩌다 이 아이는 그 지경까지 갔을까. 이제 내 가슴의 상처는 훈장이 아닌 상처로 영원히 남게 되려나 보다.

싱그러운 5월! 내일 모레면 스승의 날인데 오늘은 하루 종일 마음에 비가 내린다. 주룩! 주룩!

5분 전쟁

　아침에 눈을 번쩍 뜨면 습관적으로 화장대 위에 걸어놓은 벽시계로 눈이 간다. 오전 7시. 뇌 속에 자동입력장치라도 내재돼 있는 듯 틀려봐야 오차범위 5분 내외. 그러나 문제는 이 이후부터다. 잠이 깨면 곧바로 일어나야 하는데 그렇지 못하고 이불 속에서 뭉그적거리다가 시계바늘이 7시 20분 전후를 가리키면 그때서야 벌떡 일어나 서두르기 시작한다.
　샤워하고 화장하고 아침 먹고 옷 갈아입고 현관문을 열고 나가야 할 마지노선은 8시. 그러나 나에겐 항상 5분이 부족하다. 5분만 일찍 일어나면 될 것을 하겠지만 30년 동안 체질화된 생활습관을 바꾸기란 고목에 꽃피우는 것만큼이나 어려운 일이다. 그래서 늘 잡다한 일들을 놓고 아침마다 나 혼자만의 실랑이를 벌인다. 남들이 알면 웃을 일이지만 나에겐 언제나 심각

한 일들이다. 침대 위의 이불을 정리해 놓고 갈 것인가 그냥 흐트러진 채로 놔둘 것인가, 그릇을 세척기 안에 정리해 넣을 것인가 물속에 담가놓고 갈 것인가, 세탁기 안의 빨래를 건조대에 널고 갈 것인가 통 속에 두고 갈 것인가, 핸드백을 옷 색깔에 맞춰서 바꿔 들 것인가 어제 든 것을 그냥 들 것인가, 립라인을 그리고 립스틱을 바를 것인가 통째로 입술에 문질러 바를 것인가, 앞머리를 드라이로 펼 것인가 말 것인가, 짧은 시간에 요런 문제들을 결정하느라고 머릿속이 바글거린다.

이런 사소한 갈등문제 외에 나를 가장 어렵게 하는 것은 아침밥 문제다. 조금 늦더라도 아침밥을 먹고 건강을 챙길 것인가, 굶고 시간에 맞춰 출근을 할 것인가, 이때야말로 체면과 실리와의 싸움이다. 하지만 대부분은 허겁지겁 몇 수저 먹는 둥 마는 둥 뜨고 나서 치열한 출근전쟁 속으로 뛰어든다. 이런 날은 빨간 신호등이 원수와 같다. 특히 코앞에서 파란 신호등이 빨간 신호등으로 바뀔 때면 속이 바작바작 타들어간다. 신호위반을 하고 싶은 충동이 저절로 인다. 직진 신호로 바뀌려면 적어도 2분은 족히 기다려야 하는데 아침의 2분은 낮 시간의 20분과 맞먹는 소중한 시간이 아닌가. 그래서 시작한 또하나의 못된 습관이 있다. 차 안에서 립스틱을 바르는 일이다. 완전 철면피는 아니어서 립스틱을 바를 때는 주변을 슬금슬금 살핀 다음, 마주보는 운전자가 없을 때 재빨리 바른다. 한두 번 하다 보니 이골이 나서 이제는 거울을 보지 않고도 잘 바른다. 요렇게 해서 절약되는 시간은 무려 1분.

언제까지 1분, 2분과 싸우면서 살아야 할지 획기적으로 생활리듬을 바꿀 용의는 없는지 이렇게 아침마다 전쟁을 치르듯 출근하는 내 자신이 눈물겹도록 한심하다. 젊었을 때는 아이들 뒤치다꺼리 하랴, 도시락 싸랴, 가족들 아침 식사 준비하랴, 바빠서 그런다고 하는 명분이라도 있었지만 지금은 내 한 몸 빠져나가는 일만 하면 되는지라 둘러댈 이유도 없다. 그저 오랜 세월 동안 굳어진 게으른 생활습관이랄 수밖에.

항상 5분이 문제다. '5분만 일찍 일어나!' 하던 남편의 잔소리가 귀에 쟁쟁한데 아직도 나는 5분의 문턱을 넘지 못하고 살고 있다. 그러나 이제 아침마다 벌이는 5분 전쟁은 삶의 활력소다. 5분 전쟁은 하루의 시작이며 내가 살아가는 이유이며 살아 있다는 치열한 몸부림이기도 하다. 오늘도 나는 빨간 신호등을 노려보며 한 손으로는 핸들을 잡고 또 다른 한 손으로는 빨간 립스틱을 입술에 바르며 30년 동안 지키지 못한 약속을 중얼거리고 있다.

'내일은 꼭 5분 일찍 일어나야지….'

자유로 향한 창

 교직에 발을 내딛은 지 13년 되던 해, 2학년 1반 담임을 맡았던 해에 있었던 일로 기억된다. 아카시아 꽃잎도 거의 지고 녹음이 짙게 깔리던 6월 어느 날, 3교시 수업을 막 끝마치고 교무실로 내려와 자리에 앉으려는 찰나였다. 학적계를 담당하시는 선생님이 무척 미안한 표정을 지으며 다가오더니 "선생님! 전학생이 들어왔어요." 한다. 나는 대수롭지 않게 여기며 "누군데요?" 하고 물었다. 그러나 곧 학적계 선생님 곁에 서 있는 두 남자의 모습을 보고 그 선생님이 왜 그렇게 미안해하는지 알게 되었다.
 중학교 2학년 학생이라고 보기엔 너무나도 지쳐있는 얼굴 표정에 초점 잃은 눈동자, 그 애 옆에 서 있는 아버지라는 사람도 마찬가지다. 헝클어진 머리카락과 덥수룩한 수염이 온통 얼굴을 가리고, 반쯤 감은 눈꺼풀은 금시라도 내려앉을 것 같다. 한눈에 보아도 삶을 포기한 알코올 중독자처럼 보인다. 놀란 가슴을 진정시키며 "어서 오십시오" 하고 정중히 인사를 드렸지만 아무 반응이 없다. 두 부자는 그저 묵묵부답 도살장에 끌려온 황소처럼 눈만 껌뻑거리고 서 있을 뿐이다. 하는 수 없이 내일부터 학교에 잘 나오라는 당부를 한 후에 집으로 돌려보냈는데, 아니나 다를까 정일이는 전학 온 그 다음 날부터 학교에 나오지 않았다. 집에 전화가 없어 연락이 두절된 상태로 며칠이 지났다. 그렇게 며칠이 지난 후 뜻밖에도 정일이 할머니라고 하시는 분이 학교로 찾아 오셨다.

할머님이 들려주시는 정일이네 가정형편은 그야말로 최악이었다. 짐작했던 대로 아버지는 알콜중독자에다 실업자였고, 어머니는 몇 년 전에 집을 나갔다고 한다. 정일이는 이미 초등학교 5학년 때부터 담배와 본드를 시작해 지금은 완전히 중독 상태, 수시로 본드를 마시고 환각상태에 빠져 아무 집에나 들어가 물건을 훔치고 잠을 자는 바람에 경찰서에 붙잡혀 간 적도 부지기수, 이젠 하도 지쳐서 경찰서에서 연락이 와도 찾으러 나서지 않는단다.

참으로 어처구니없는 얘기였다. 무엇보다도 가슴 아픈 것은 이제 겨우 14살밖에 되지 않은 어린아이의 인생이 어른들의 무책임한 행동으로 이렇게 끝나는가 하는 것이었다. 나는 어떻게 해서라도 이 아이를 수렁에서 건져 보기로 결심했다. 할머니를 현관까지 배웅하며 내일은 꼭 정일이를 찾아서 학교에 보내 달라고 신신당부를 하여 보냈다.

이튿날, 놀랍게도 정일이는 반듯하게 다려 입은 교복을 입고 교무실에 나타났다. 아이를 보는 순간 너무 반가워 '정일아!' 하며 등을 두드려 주자, 아이의 얼굴에 희미한 미소가 스쳐 지나갔다. 그 후로 정일이는 꼬박꼬박 학교에 잘 다녔고 조금씩 얼굴에도 화색이 돌았다. 우리 반 아이들도 정일이에게 친절히 대해 주었다.

그러나 열흘이 채 못 가서 정일이의 병은 다시 도졌다. 무슨 이유인지 몰라도 다시 학교에 나오지 않았다. 다녔던 전 학교서부터 결석을 많이 했기 때문에 여기서 며칠만 더 결석하면 출석 일수 부족으로 자동 제적이 될 판이다. 드디어 나는 정일이의 집을 찾아가기로 결심했다. 아이가 돌아오기만을 앉아서 기다리기에는 상황이 너무 촉박했기에 불시에 들이 닥쳐 아이가 있으면 무조건 학교로 끌고 올 생각이었다. 다행히 정일이의 집은 학교 가까이 있었고 찾기도 쉬웠다. 예상한 대로 정일이가 살고 있는 집은 개천가에 대문도 없고 부엌도 없는 단칸 셋방이었는데 그 속에서 할머니, 아버지와 함께 살고 있었다.

"정일아!" 하고 부르자 그때까지 늦잠을 자고 있던 정일이가 후닥닥 놀라 밖으로 튀어 나왔다. 처마 끝을 달아내어 만든 좁은 부엌에서 설거지를 하고 계시던 정일이 할머니도 나를 보자 당황해 어쩔 줄을 몰라 하신다. 이런 상황에서 무슨 할 말이 있겠는가. 나는 아무 말도 하지 않고 정일이에게 얼른 세수하고 교복만 입고 나오라고 일렀다. 할머니에게는 빨리 도시락을 싸라고 부탁을 드리고.

 웬일인지 정일이는 고분고분 말을 잘 듣는다. 금방 방으로 들어가더니 교복을 입고 책가방까지 들고 나오는 것이 아닌가. 그래도 맘이 놓이지 않아 정일이 옆에 바짝 붙어 서서 할머니이 얼른 도시락을 싸 가지고 나오시기만을 기다리고 있는데, 할머니가 당황을 하셔서 그런지, 도시락을 들었다 놓았다만 하실 뿐, 얼른 갖고 나오시지를 못한다. 보다 못한 내가 도시락을 직접 싸려고 부엌으로 들어가 보니, 찬이라곤 다 시어 빠진 김치 한 종지가 고작일 뿐 눈을 씻고 봐도 먹을 만한 음식이 눈에 띄지 않는다. 먼지가 뽀얗게 쌓인 선반 위를 둘러보니 다행히 달걀이 눈에 띄었다. 얼른 녹슨 석유곤로에 성냥불을 그어 불을 붙인 다음, 프라이팬에 면실유를 두르고 달걀 두 개를 깨뜨려 넣었다. 그리고 눌어붙지 않도록 조심조심 주걱으로 뒤적거리고 있을 때였다. 갑자기 정일이 할머니가 부엌으로 뛰어 들어오시더니, "선상님, 큰일 났시유! 정일이가 좀 전에 뒷간엘 들어갔는데, 시방 아무리 문을 두드려도 대답이 없네유" 하는 것이다.

순간 뒤통수를 세게 얻어맞은 기분이었다. 곤로에서 프라이팬을 던지듯이 내려놓고, 후다닥 할머니를 따라 마당으로 달려나갔다. 그런데, 참으로 이상한 일이다. 변소 빗장이 안으로 걸려 있는 것이다. 그렇다면 변소 안에 누군가가 있다는 증거가 아닌가. 혹시 선잠 결에 들어갔다가 빠진 게 아닐까. 아니지 그러면 벌써 살려달라는 아우성 소리가 났을 텐데 이렇게 조용할 수가….

혼이 거의 나간 정일이 할머니는 대답 없는 변소 문짝을 부여잡고 연신 두드려 보고 흔들어 보며 발을 동동 구른다. 정일이 할머니와 내가 번갈아 변소 문고리를 붙잡고 실랑이를 벌이는 사이에 시간이 꽤 흘러갔다. 다음 수업시간에 늦지 않도록 학교에 들어가려면 달리 선택의 여지가 없다. 비장한 각오로 할머님께 망치를 갖다 달라고 부탁했더니 눈치 빠른 할머니가 쭈루루 달려가시더니 커다란 망치를 들고 나오신다.

호흡을 가다듬은 후 나는 변소 문고리를 향해 힘껏 망치로 내리쳤다. '덜커덩' 허술하게 지은 무허가 판잣집이라 그런지 문짝은 너무나 쉽게 떨어졌다. 순간, 할머니와 나는 서로 얼굴을 마주 보며 눈만 껌뻑거렸다. 세상에 이럴 수가…. 참으로 귀신이 곡할 노릇이다. 이 아이가 도대체 어디로 갔단 말인가. 변소라고 해 봐야 겨우 한 사람이 들어가 처신할 수 있는 작은 공간인데, 혹시나 해서 변소 밑바닥까지 들여다보았지만, 구더기만 우글거릴 뿐 사람이 빠져나갈 것 같은 탈출구는 보이지 않는다. 그러나 다시 천천히 고개를 들어 개천 쪽으로 향한 벽면을 바라보는 순간, 나는 소스라치게 놀라고 말았다. 조금 전까지만 해도 보이지 않았던 작은 창문 하나가 손수건만한 파란 하늘을 열어놓고 싱긋이 나를 향해 웃고 있는 것이 아닌가.

'아 바로 저 창문이었구나!' 선생님에게 붙잡혀 지옥과 같은 학교로 끌려가지 않기 위해, 저 작은 구멍으로 빠져나가기 위해, 그 순간 아이는 얼마나 안간힘을 썼을까? 개천으로 뛰어내리다 다치지는 않았을까? 그날 이후 정일이는 돌아오지 않았다. 집에도 소식이 없었고, 학교에도 물론 아무 연락이 없었다. 수렁에 빠진 아이를 건져 보겠다던 나의 순진한 의지는 한바탕의 해프닝으로 무너져 버리고 말았지만, 지금도 가끔 그 자유로 향한 작은 창문을 생각하면 가슴 한구석이 저려 온다.

정일이는 지금 어느 하늘 아래서 무엇을 하고 있을까. 그때 정일이를 데리러 집으로 찾아간 일은 잘한 일인가 오히려 아이를 학교로부터 멀리 도망치게 만든 일인가. 사도의 길은 이렇게 멀고도 험난한 길인가!

잊지 못할 국어선생님

 3월은 교사에게 농부와 같은 시기다. 겨우내 얼어붙었던 땅을 갈아엎고 한 해 농사를 준비하려면 하루해가 짧듯이 교사도 긴 겨울방학 내내 풀어졌던 아이들의 생활리듬을 바로 잡고 하루 종일 교실에 붙잡아 놓으려면 여간 힘든 일이 아니다. 게다가 연중 교육계획 수립하랴, 새로 맡은 수업 교재 연구하랴, 문제 학생 지도하랴 하다보면 지쳐서 파김치가 된다.
 바쁜 와중에 모처럼 틈을 내서 창밖을 바라보니 봄이 활짝 피어 있다. 노오란 개나리꽃은 팝콘이 터진 듯 무더기져 피어 있고 흰 목련은 청승맞게 커다란 꽃잎을 뚝뚝 떨어뜨리고 있다. 그때 느닷없이 상담실 문이 열리며 교내 신문사 기자라고 칭하는 여학생 두 명이 다가와서 "선생님, 어릴 적 추억 중에서 가장 쇼킹했던 이야기 좀 써주세요" 한다. 너무도 예쁘고 예의바른 여학생들의 요구를 어찌 거절할 수 있겠는가, 선뜻 약속은 했으나 아무리 생각해도 특별히 떠오르는 추억이 없다. 내가 너무 인생을 평범하게 살았나, 아님, 너무 개성 없이 살았나, 사실 나는 성장과정에서 크게 잘못을 하거나 누구에게 큰 꾸지람을 듣거나 말썽을 피운 적이 없다. 늘 부모님이 시키는 대로 선생님이 하라는 대로 고분고분 순종하는 아이였다. 그렇다고 결코 얌전만 빼고 구들장만 지키는 아이는 아니었다. 시간만 나면 친구들과 어울려 산과 들을 쏘다니며 놀거나 동네 한가운데서 치마를 걷어붙이고 고무줄넘기, 땅따먹기, 공기놀이, 술래잡기 등을 하며 억척스레 뛰어놀았다.

  중학생이 되고 사춘기 소녀가 되어도 생활에 별반 변화는 없었다. 매일매일 평범한 일상의 연속이었다. 그런데 드디어 중3때 평생 잊지 못할 작은 사건이 일어났다. 자랑거리는 아니지만 그때 난 학급 반장을 맡고 있었다. 하루는 일과를 마치고 청소를 하고 있는데 한 아이가 헐레벌떡 뛰어와 내일 2교시 영어와 3교시 수학시간이 서로 바뀐다는 말을 전해주고 갔다. 불행하게도 즉시 칠판 한 구석에 써놓았지만 대부분 학급친구들이 집에 돌아간 후였으므로 거기서부터 일이 꼬이기 시작한 것이다.

  사건이 터진 것은 그 다음날 2교시에 수학선생님이 들어오셨을 때다. 가뜩이나 수학을 싫어하는 학우들이 수학선생님이 들어오시자 일제히 "수학시간 아니어요!" 하고 합창을 한 것이다. 그때 선생님의 험상궂은 얼굴표정이라니 뭔가 큰일이 터질 것 같은 예감이 들었다. 아니나 다를까, 잠시 후 시간표 담당을 맡고 계셨던 국어선생님으로부터 교무실로 내려오라는 전갈을 받았다. 아차! 싶었지만 설마 큰일이야 나겠어하는 심정으로 교무실 문을 열고 들어간 순간, 이 무슨 날벼락인가! 다짜고짜 국어선생님의 세찬 알밤세례가 이마 위로 쏟아지는 것이 아닌가. 한 대, 두 대, 그칠 때도 된 것 같은데 선생님의 알밤세례는 계속 이어졌다. 처음엔 창피한 마음에 얼굴이 붉어졌지만 나중엔 아파서 거의 울상이 되었고 더 나중엔 정신을 차릴 수 없어서 엉엉 울고 말았다.

  억울하고 참담한 마음에 점심도 밀쳐놓고 하루 종일 울다가 집에 돌아오니 이번엔 식구들의 눈이 화등잔만 해졌다. 왜 아니 놀랄 것인가. 얼굴은 퉁퉁 부었고 이마 위에는 커다란 혹 하나가 불쑥 솟아올라 있었으니, 거짓말 안 보태고 그 혹은 간난아이 주먹만 했다.

  다음날 나는 장문의 편지를 들고 국어선생님 앞으로 갔다. 반성문이겠지 생각하며 느긋하게 편지를 펼쳐 보던 선생님의 손길이 후들거리기 시작하더니 점점 얼굴표정까지 붉으락푸르락 변했다. 나는 시시각각 변하는 선생님의 표정을 놓치지 않고 관찰했다. 그 편지 내용은 반성문이 아닌 항의문이었고, 그

글은 내가 쓴 것이 아니고 E대학에 재학 중이었던 두 언니의 작품이었으니 사실상 그 싸움은 우리 언니들과 선생님의 대결이었던 셈이다.

몇 달 후, 나는 3년 동안 나를 길러주고 가르쳐 준 S여중을 미련 없이 떠났다. 선생님들의 간곡한 만류에도 불구하고 멀리 떨어진 C여고로 입학 원서를 냈다. 감수성이 예민한 시기에 그 상처는 너무 쓰라리고 아파서 앞뒤를 돌아볼 여유가 없었다. S여중을 졸업하는 날, 국어선생님이 학생을 시켜서 잠깐 교무실에 들렀다 가라고 전갈을 보냈지만 전갈을 못 들은 척 무시하고 교문을 박차고 나온 것은 물론, 그 사건 이후 국어 선생님이 계시는 곳에는 눈길 한 번 돌리지 않았으니 그 선생님도 마음고생 꽤나 하셨을 것이다.

교단에선 지 어언 30년, 나는 가끔 그때 일을 회상한다. 그때 국어 선생님은 왜 그리 화를 내셨을까? 얼마나 화가 나셨길래 어린 제자에게 전후좌우 설명할 기회도 주지 않고 세찬 매부터 가했을까? 나도 가끔은 제자들로 인해 스트레스를 받을 때가 있다. 때로는 패주고 싶도록 미울 때도 있다. 어릴 적에 받은 상처는 평생을 간다. 30년 교단생활을 하면서 한시도 억울하게 국어선생님으로부터 매 맞던 그 순간을 잊어본 적이 없다. 그래서 더욱 학생을 다룰 때 사사로운 감정에 얽매이지는 않은지, 체벌을 가함에 있어 합당하고 교육적인지를 생각하며 스스로를 절제해 왔다. 말하자면 어릴 적 부당한 체벌을 당한 추억이 나에게는 큰 타산지석이 된 셈이다.

　나이를 먹은 탓인가? 요즘은 문득문득 개나리꽃이 만발하던 그때 그 교정이 그리워진다. '국어선생님이 나에게 알밤 세례를 내린 것은 내가 미워서가 아니었을 거야. 뭔가 내가 모르는 피치 못할 사정이 있었을 거야. 그리고 학급반장으로서 책임을 다하라는 가르치심이었을 거야' 하며 그동안 포한(抱恨)졌던 마음을 내려놓는다. 다른 고등학교로 진학한다고 했을 때 만류하시던 선생님들과 이마에 알밤 세례를 주었던 국어선생님까지도 보고파진다. 돌이킬 수만 있다면 16살 어린 시절로 돌아가고 싶다.

　꾸중 듣던 아이가 커서 선생님이 되고, 말썽피우던 자식이 자라서 부모가 되고, 부모가 늙어서 다시 자식으로부터 봉양 받는 노인이 되고, 철 따라 피고 지는 꽃처럼 우리네 인생살이도 얽히고설키면서 살아가는 것임을 조금만 더 일찍이 깨달았더라면 좀 더 일찍 국어선생님을 용서하고 나 또한 끔찍한 상처에서 일찍 벗어날 수 있었을 것을…

　오늘따라 교정에 핀 노오란 개나리가 옛 상처를 건드린다.

영민이

 우리 반에 꿈꾸는 남자 아이가 있었다. 언제나 홀로 무언가를 골똘히 생각하며 누구와도 말을 하지 않고 말을 붙여도 대꾸하지 않는다. 점심시간에는 슬그머니 자리에서 일어나 밖으로 나갔다가 점심시간이 끝날 즈음에 돌아온다. 안색이 창백하다 못해 얼음장 같다. 친구도 없다. 공부시간엔 초점 잃은 시선으로 멍하게 앉아있거나 엎드리기 일쑤다. 보다 못해 어느 날 영민이를 불러 말을 걸었다.
 "영민아 점심 먹었니?"
 아무 말이 없다. 다시 물었다
 "오늘 도시락 싸왔니?"
 이번엔 고개만 가로 젓는다
 "아버지는 집에 계시니?"

고개만 끄덕끄덕 한다.

"아버지는 뭘 하시는 분이니?"

"버스 운전이요."

"엄마는?"

또 말이 없다. 아이는 고개를 숙인 채 입을 조개처럼 다물고 어떤 물음에도 결코 입을 열지 않겠다는 결연한 표정이다. 단단히 마음의 문을 닫아버린 아이다. 어떤 방법으로 이 아이의 닫아버린 마음의 문을 열 수 있을까? 다음날 다시 영민이를 불렀다.

"영민아! 나는 선생이기 이전에 너를 돕고 싶은 사람이란다. 마음속에 응어리를 털어놓을 수 있겠니? 그래 주면 고맙겠다. 어머니는 안 계시니?"

"있어요. 그런데 그 여잔 다섯 번째예요. 나 하곤 다섯 살 차이고요."

아이가 또박또박 말했다. 오히려 내가 말문이 막혀서 더듬거린다.

"그-래, 그런데 엄마가 도시락을 왜 안 싸주시니?"

"날 더러 싸가지고 가래요."

"어머니가 바쁘신 분이니?"

"아니요! 우리들이 학교 갈 때까지 그냥 자고 있어요."

"아버지가 뭐라고 안 하시니?"

영민이

"아버지도 그 여자 편인걸요."

이 정도면 그 아이의 가정사정이 짐작되고도 남는다. 아버지의 여성편력으로 인해 어머니가 수시로 바뀌는 바람에 아이는 병들고 마음의 문을 닫아버린 것이다. 그런데 가장 시급한 문제는 도시락이다. 한창 성장하는 시기에 밥을 굶어서 되겠는가. 어떻게 해서라도 영민이의 도시락을 해결해야 한다. 궁리 끝에 영민이 아버지가 근무하는 버스회사에 전화를 걸어 아버지를 학교로 나오시도록 했다. 이튿날 부리부리한 눈매를 가진 영민이 아버지가 학교에 오셨다. 무슨 말부터 꺼내야 할지 몰라 망설이다가 용기를 내 이렇게 말씀을 드렸다.

"영민이 아버지! 저희 반에서 점심을 굶는 아이는 영민이 밖에 없습니다. 제발 도시락 좀 싸 보내주세요."

"네에? 우리애가 점심을 굶어요?"

"그럼, 그동안 아버님은 모르고 계셨습니까?"

그렇지 않아도 좀 거친 영민이 아버지의 표정이 더욱 거칠게 변하며

"이놈의 자식! 그렇게 도시락을 싸가라고 했는데 말을 안 듣고 부모 망신을 시켜!"

기가 막혔다.

"영민이 아버님! 아이만 나무랄 일이 아니라고 생각합니다. 자식에게 도시락을 싸주는 일은 부모의 도리이자 책임입니다.

부모의 도리를 다하고 나서 자식을 나무라는 것이 순서이지 않습니까?"

영민이 아버지의 표정이 조금 머쓱해지는 것 같기에 사정을 했다.

"아버님! 내일부터는 꼭 좀 도시락을 싸 보내 주세요. 아버님만 믿겠습니다."

그러나 그 후로도 여전히 영민이는 점심시간만 되면 교실을 빠져나갔다. 아이가 굶는 걸 안 이상 그대로 둘 수는 없는 일, 나는 또 다시 영민이를 불렀다. 그런데 영민이 입에서 뜻밖에 말이 먼저 나온다.

"저- 선생님! 제 도시락 문제는 더 이상 신경 쓰지 말아 주세요. 제가 점심을 굶는다고 아버지에게 다시 알리면 전 이제 맞아 죽어요. 그리고 아버지가 졸업 후에 먹고 자는 상점에 취직하래요. 사회경험을 미리 쌓는 게 좋데요."

이런 나쁜 사람들! 자식을 제대로 먹이지도 않고 이제는 공부까지 시키지 않겠다고? 게다가 사회경험이라는 핑계로 집에서 내쫓을 계획까지 세워? 누구는 환경미화원을 해서도 자식을 대학까지 공부시킨다는데 버스기사 월급으로 고등학교도 못 보낸다고?

분노가 치솟았다. 영민이를 어떻게 해서라도 고등학교에 진학시켜야겠다고 마음먹었다.

"영민아! 이제부터 선생님이 하는 말 명심해서 들어라. 넌 꼭 고등학교에 가야 한다."

아이는 의아하다는 듯이 내 얼굴을 빤히 쳐다보았다.

"선생님! 저도 고등학교에 갈 수 있어요?"

"그럼! 갈 수 있고말고! 앞으로 남은 다섯 달 동안 열심히 하면…."

영민이의 표정이 밝아진다. 아마 본인도 성적이 안 좋으니까 지레 포기하고 있었나 보다. 그런데 지금 영민이에게 고등하교 진학도 문제지만 당장 시급한 문제는 점심 도시락이다. 고민 끝에 하루는 영민이가 없는 틈을 타서 학급회의를 열었다. 아이들의 반응은 좋았다. 이튿날부터 몇몇 아이들이 교대로 영민이에게 점심을 싸다 주었다. 우리 반 아이들도 기특하지만 더 고마운 것은 아침마다 힘들게 도시락을 싸 보내시는 어머니들의 정성이다. 혹시 감수성이 예민한 영민이가 거부하면 어쩌나 했는데 다행히 영민이는 친구들이 싸다주는 도시락을 잘 받아먹었고 아이들과도 어울리기 시작했다. 영민이는 변하고 있었다.

무더운 여름도 서서히 물러가고 귀뚜라미 소리가 한결 또렷해지는 초가을로 접어들자 아이들이 바짝 긴장하기 시작했다. 지금은 고등학교를 추첨으로 들어가기 때문에 웬만하면 거의 고등학교에 진학할 수 있지만 그때만 해도 학급에서 중위권 이하의 학생은 인문계 진학이 어려웠다.

진학상담을 할 때도 영민이 부모는 끝내 나타나지 않았다. 영민이와 상담을 해보니 공고 야간에 진학하고 싶다고 한다. 이유를 물으니 아버지가 고등학교는 네 힘으로 가든지 아니면 취직을 하라고 하셨단다. 영민이는 야간에 진학을 해야 낮에 아르바이트를 해서 학비와 생활비를 벌 수 있다고 한다.

"선생님! 저 새벽에 신문배달 하고 있어요. 이젠 제 힘으로 벌어서 동생도 키울 수 있어요"

불과 몇 달 사이에 영민이는 딴 아이가 되어 있었다. 그 해 영민이는 자신이 원하던 공고 야간에 합격했다. 졸업하는 날, 장미 한 송이가 책상 위에 얌전히 놓여 있었는데 그 꽃은 말하지 않아도 영민이가 놓고 갔음을 나는 직감으로 알았다.

그로부터 2년 후, 나는 명동에 친구를 만나러 나갔다가 뜻밖에도 영민이를 칼국수 집에서 만났다. 음식을 주문해 놓고 기다리는데 흰 가운을 입은 종업원 한 명이 성큼 다가왔다.

"선생님 안녕하세요?"

"아니, 이게 누구야? 너 영민이 아니니?"

"네, 선생님! 저 여기서 아르바이트하고 있어요. 한 번 찾아 뵙는다 하면서…. 죄송합니다."

영민이의 건강한 모습을 보니까 반가웠다. 동생의 안부를 물으니 "저 집에서 벌써 나왔어요, 동생도 제가 데리고 있는 걸요." 했다.

어린 것이 동생까지 데리고 낮에는 돈 벌랴, 밤에는 공부하랴, 얼마나 힘들까. 그래도 웃음을 잃지 않고 자신의 길을 열심히 걸어가는 영민이의 모습이 너무나 대견하다. 눈시울이 뜨거워 더 이상 말을 잊지 못하고 머뭇거리자 눈치를 챘는지 영민이가 얼른 "괜찮아요. 선생님! 올해만 지나면 내년엔 취직도 할 수 있어요. 다 선생님 덕분입니다."

"그래-, 고맙다"

"선생님! 저 이제 가봐야 해요. 한동안은 여기서 일할 테니 자주 오세요."

음식을 먹으면서도 눈길은 영민이 뒤만 쫓고 있다. 민첩하게 테이블 사이를 오가며 주문도 받고 음식도 나르고 테이블도 깨끗이 닦는 폼이 영락없는 모범 종업원이다. 식당 문을 나설 때 안녕히 가시라는 눈인사만 보내며 여전히 테이블 사이를 분주하게 오가던 영민이의 모습이 집에 와서도 내내 밟힌다.

부모 잘 만난 아이들은 반찬 투정에 옷 투정까지 해가며 응석 부리며 살 나이인데 영민이는 어린 나이에 동생까지 돌보며 생활을 꾸려나가야 하니 한시인들 허리 펴고 마음껏 웃어 볼 날이 있을까. 마음이 답답하고 무겁다. 찌푸린 하늘에서 한바탕 비라도 쏟아졌으면 좋겠다.

운 터진 날

　교직에 몸담은 지 어언 30년, 거의 기계적이라 할 만큼 아침에 일어나는 시간이 정확하다. 그러나 오늘은 월요일인데 평소보다 무려 30분이나 늦게 눈을 떴다. 늦게 일어났으면 출근 준비라도 서둘러야 하련만, 멍하니 거울 앞에 앉아 엊저녁 형제들과 고스톱 치던 생각에 빠져 있다. 흑싸리 삼패를 흔들고 점수를 냈는데 깜박 잊고 돈을 두 배로 받지 못한 것이 생각할수록 분하다.
　지난겨울 명예퇴직을 신청했다가 반려되는 바람에 확실히 마음이 뜬 것 같다. 날로 거칠고 난폭해져가는 학생들을 가르치기도 버겁고, 이념을 앞세워 자기들 주장만 내세우는 후배교사들도 보기 싫고, 몸과 마음도 예전 같지 않고 해서 심사숙고 끝에 내렸던 결정이었으나 무참하게도 교육부 예산이 부족하다는 이유로 반려가 된 것이다. 그 이후로 연장 근무하는 심정으로 하루하루를 살아가고 있다.

　머리부터 발끝까지 학생다운 구석이라곤 찾아 볼래야 찾아 볼 수 없는 막가파식 학생들이 바락바락 말대답하며 대들어도 크게 화내거나 상처받지 않는다. '그-래! 너희들도 오죽하면 그러겠니, 집이라고 들어가 봐야 반겨주는 가족이 있나 따뜻한 밥상을 차려주는 부모가 있나 남은 거라곤 세상에 대한 원망뿐이겠지'. 마음 한 자락 바꾸고 나니 이렇게 편한 것을. 괜스레 사람 만들어보겠다고 야단치고 벌주고 그러다가 마음 다치고 몸 다치고, 그것도 다 열정이 있어야 하는 짓이다. 굳이 애태워가며 지도할 거 뭐있나 설렁설렁 하다가 월급이나 타면 되지. 작년까지 만해도 이렇게 타락하지 않았는데, 세월 탓인가 나이 탓인가 아무래도 나사가 몇 개는 풀린 듯하다.

　언제나 지하 주차장으로 향하는 발길은 두렵다 시동을 켜자마자 어둠 속에서 디지털시계의 빨간 숫자가 톡 튀어나온다. 08:00, 늦지도 빠르지도 않은 시각이다. 도로사정이 순조로우면 출근시각보다 2, 3분 일찍, 아니면 정시에 도착할 것이다. 예열이 충분치 못한 탓인가, 오늘따라 유난히 지하주차장의 비탈길을 오르는 엔진 소리가 귀에 거슬린다. 이제부터 본격적인 출근전쟁이다. 우선 아파트 내의 중앙도로로 진입할 때 개구리처럼 튀어나오는 초등학생들을 조심해야 한다. 어린이는 움직이는 신호등이라 하지 않는가. 이 지점에서 꼭 살펴야 할 것이 또 하나 있다. 바로 노란색 어린이집 승합차인데 내가 출근하는 시각에 맞춰 항상 그 자리에 서 있기 때문에 왼편에서 달려오는 차량을 발견하는데 여간 장애가 되는 것이 아니다. 어어라~! 그런데 오늘 이 차가 왜 안보이지?

  5년째 똑같은 시각에 똑같은 코스를 지나다 보니 거리의 흐름을 손금 들여다보듯 훤하게 꿰고 있다. 어느 지점에서 언제쯤 빨간신호등이 파란신호등으로 바뀌는지, 어느 노선버스가 좌회전을 하는지, 우회전을 하는지, 몇 분 안에 어떤 사거리를 통과해야 지각을 하는지 안 하는지, 빠삭하게 읽고 있다. 어떨 땐 짜릿한 스릴까지 맛본다. 특히 큰 사거리에서 황색 신호등이 깜박거릴 때 앞차의 꼬리를 바짝 물고 사거리를 날쌔게 통과했을 때 그 짜릿함이란! 오늘도 삼양동 사거리에서 예의 그 짜릿함을 맛보았다. 그런데 어찌 좀 이상하다. 평소 같으면 차들이 길게 늘어서 있어서 중간에 빨간신호등이 들어오고 다시 파란신호등으로 바뀔 때까지 기다리려면 애간장을 태웠었는데 오늘은 서너 대밖에 서 있지 않아 곧바로 통과 했으니 참으로 희한한 일이다.

  그 다음으로 문제가 되는 곳이 삼양동 국민은행 5거리 앞이다. 여기서는 항상 직진차가 우회전하는 차량을 가로막고 있어서 나를 왕짜증 나게 하는 곳이다. 도로가 좁은 것이 근본원인이겠지만 센스가 부족한 운전자들이 차선을 엉거주춤 가로막고 있어서 아까운 시간을 허비하기 때문이다. 운 좋은 날은 앞을 가로막고 서 있는 차량이 없거나 센스 있는 운전자들이 왼쪽으로 바짝 붙어 주어서 기다리지 않고 그대로 우회전할 때도 있다. 그럴 땐 마음속으로 '땡큐!' 하며 지나간다. 그런데 이 지점도 무사통과다. 아무래도 오늘은 운이 터진 날인가 보다.

복잡하기로 소문난 수유역 사거리도 단번에 통과했다. 그리하여 평소 같으면 20분은 족히 걸릴 거리를 15분 만에 돌파했다. 오늘 출근전쟁은 너무 싱겁게 끝날 것 같다. 이제 마지막 남은 관문은 야쿠르트 대리점 앞이다. 헌데 오늘은 참으로 희한한 일이 자꾸 겹쳐 일어난다. 항상 요맘때쯤이면 야쿠르트 대리점 앞에 노란색 옷을 입은 아줌마들이 조그만 카터를 끌고 분주하게 오가는데 그분들이 한 명도 보이지 않는다. 순간 퍼뜩 머릿속을 스치는 생각이 있었으니, '그렇지! 지금이 어떤 때인가 바야흐로 꽃피고 새 우는 봄이 아닌가! 야쿠르트 아줌마들이라고 일 년 365일 매일 일만 하겠어, 그러니까 오늘은 관광버스 하나 전세 내서 들놀이를 떠난 거야' 이런 생각을 해낸 나 자신이 신통하다.

야쿠르트 대리점에서 학교까지는 불과 500미터 거리, 전혀 서두를 필요가 없다. 이 길은 시장 중간을 가로지르는 시장통인데다 출근하는 시민들과 등교하는 학생들이 뒤섞여서 각별히 운전에 신경을 써야 하는 곳이다. 그러나 오늘은 이 마지막 관문마저도 한산하고 평화롭기만 하다. 평소 같으면 10킬로도 속력을 내지 못하는 거리에서 오늘은 무려 30킬로의 속력을 내며 여유만만하게 교문을 향하여 돌진했다. 그 순간, 믿지 못할 광경이 눈앞에 벌어졌다.

굳게 닫힌 교문.

머릿속이 하얗게 뒤집힌다. 아침에 서둘러 퍼먹고 온 밥알이 곤두선다. 이제야 아침출근길에서 일어났던 모든 희한한 일들이 하나씩 하나씩 압축파일 풀어지듯이 설명된다.

일요일 아침의 출근.

교직생활 30년 만에 주 5일제 근무가 시작되고 처음으로 일어난 사건이다. 토요일 하루를 쉬었기 때문에 습관적으로 그 이튿날을 월요일로 착각하고 출근한 것이다. 적어도 야쿠르트 아줌마들이 보이지 않을 때 알아챘어야 하는 건데, 건망증이라고 하기엔 너무 어이없고 치매라고 하기엔 너무 무섭고 당분간 이 일은 나 혼자만의 비밀로 할 것이다.

'하느님! 크게 혼내지 않고 이 정도로 정신 차리게 해주셔서 감사합니다. 앞으론 풀어진 나사를 바짝 조이고 애들도 열심히 가르칠 게요.'

착잡한 심정으로 현관문을 열고 들어서는데 이제 막 잠에서 깬 아들이 찌푸린 얼굴로 묻는다.

"엄니! 일요일 아침부터 어딜 다녀오세요?"

"어~ 볼~일이~ 좀~있어서…."

직장과 가정을 오가며

　지금으로부터 15년 전, 방학동에 있는 모 중학교에 근무할 때다. 4교시 끝내고 교내식당에서 점심을 먹을 때였다. 그때도 젊은 여선생님들이 집에 떼어 놓고 온 어린아이들 땜에 몹시 힘들어 하며 육아문제를 토로하고 있었다. 나 또한 그 과정을 겪은 사람 중에 한 사람인지라 자연스럽게 얘기에 끼어들게 되었고 평소에 가지고 있던 생각을 말했다.
　"이제 여자가 아이를 낳고 기르는 일을 개인적인 일로만 볼 수 없어요. 크게는 사회적인 일이고 더 나아가서는 국가적인 일이예요"
　곁에서 소리가 들렸는지 식사를 하던 한 남교사가 수저를 내려놓으며 대뜸 반박했다.
　"허참! 우째서 아 낳는 일이 사회, 국가적인 일입니꺼? 개인의 일이지."

그런데 그때로부터 불과 10년도 안되어 출산문제가 사회의 큰 이슈가 되고, 이제는 발을 동동 구르며 제발 낳아만 달라고, 키우는 일은 국가와 사회가 도와줄 터이니 낳기만 해 달라고 통사정하는 현실이 되지 않았는가.

내가 교직에 첫발을 들여놓은 70년대는 지금처럼 양성평등이란 말조차 없었고 남편이 벌어다주는 밥 먹고 집에서 살림하는 여자를 제일 팔자 좋은 여자로 여겼다. 그렇지 못하고 비가 오나 바람이 부나 아침저녁으로 큰 가방 옆에 끼고 종종걸음으로 직장에 나가는 기혼여성들을 지지리도 복 없는 여자, 팔자 사나운 여자라 여기며 측은지심으로 바라보는 사회적 정서가 밑바탕에 깔려있던 시대였다. 게다가 가족들은 직장에 나가는 엄마, 아내, 며느리를 조금도 봐 주지 않았다. 오히려 직장에 나간다고 살림을 소홀히 할까봐 도끼눈으로 흘겨보았고 완벽한 엄마, 완벽한 아내, 완벽한 며느리가 되기를 바랐다. 집에서 살림하는 아내가 바가지를 긁으면 으레 그러려니 하지만 직장 나가는 아내가 바가지를 긁으면 돈 좀 번다고 유세 떠는 거냐며 싸우자고 든다. 1분 1초가 아쉬운 아침 출근 시간에 갑자기 단추가 떨어진 와이셔츠를 코앞에 내놓고 달아달라고 한다거나 꾸깃꾸깃한 양복바지를 내놓고 다려달라고 하면 해 줄 수도 없고 안 해 줄 수도 없고 정말 속이 바작바작 타들어 간다. 그러나 뭐니 뭐니 해도 직장여성에게 가장 힘든 건 육아문제다.

　시부모와 함께 사는 경우엔 시부모에게 맡기기 때문에 그래도 낫지만 전적으로 가정부에 맡기는 경우엔 아이나 부모가 받는 극심한 스트레스는 이루 말할 수 없다. 가정부가 수시로 바뀌는 바람에 말 못하는 어린 아기가 스트레스를 받아 원형탈모증에 걸려서 엄마가 휴직을 하는 경우도 보았고, 아침에 온다고 약속한 가정부가 오지 않아 아이가 울며 학교에 와서 엄마를 찾는 경우도 보았고, 빈 시간마다 수시로 집과 학교를 드나들며 아이가 무사한지 확인하러 다니는 여교사도 보았고, 최악의 경우로 아이를 학교에 데리고 와서 여교사 휴게실에 감춰두는 경우도 목격한 적이 있다.

　아이를 가정부 손에 맡기고 출근하는 부모들을 가장 불안하게 하는 것 중에 하나는 시중에 떠도는 갖가지 루머다. 수면제를 먹여서 재워놓고 돌아다닌다는 둥, 아이를 때린다는 둥, 사내아이인 경우 성적 노리개로 삼는다는 둥, 갖가지 해괴한 이야기가 떠돌 적마다 여교사들은 제정신이 아니다. 그런 경우 몸만 직장에 있지 마음은 온통 아이가 있는 집으로 달려가 있으니 무슨 능률이 나겠는가. 자연히 지각 조퇴가 잦고 결근도 잦을 수밖에 없다. 그러다 보니 직장에서는 기혼여성을 기피하게 되고 기혼여성을 폄하하게 되었다.

　시부모에게 아이를 맡긴 내 경우도 아이를 품에서 떼어놓는다는 아픔에서 하루도 자유로워 본 적이 없다. 엄마가 출근 준비를 할 때부터 아이는 불안해하며 칭얼대기 시작한다. 엄마와 떨어지기 싫어서 우는 아이를 몰래 떼어놓고 출근한 날은 하루 종일 아이 생각에 가슴이 미어지는 듯하고 특히 애가 병이 났을 때, 자지러지는 아이 울음소리를 뒤로 하며 현관문을 나설 때 그 찢어지는 어미 심정은 필설로 다 표현할 수가 없다.

아이들 어릴 적 앨범을 들춰보면 하나같이 할머니와 찍은 사진들이다. 고깔모자 쓰고 찍은 생일 파티 사진에도, 소풍날 찍은 사진에도, 운동회 날 손잡고 달리는 사진에도 모두 한복을 입은 할머니와 찍은 사진뿐이다. 운동회 날만이라도 아이와 손잡고 달리기를 함께했더라면 하는 후회를 뒤늦게 해보지만 이미 때늦은 후회이고 이미 상처 입은 아이의 마음을 되돌릴 수는 없다.

나이 들어서는 같은 길을 밟는 젊은 후배교사들에게 나처럼 후회하는 일을 하지 않도록 슬쩍 귀띔해 주곤 했다. '아이들 소풍날이나 운동회 날은 연가를 내서라도 아이에게 즐거운 추억을 만들어 주라고 그래야 아이들이 기죽지 않고 정서적으로 안정이 된다고 남의 아이를 가르치는 일도 중요하지만 내 아이 교육도 중요하다고 평생 종종걸음 치고 교직생활로 평생을 보냈지만 결국엔 자식농사 잘한 사람이 제일이더라고.'

요즘도 가끔씩 세상을 떠들썩하게 하는 어린이 놀이방 시설에서 일어나는 보육교사의 폭행 폭언사건 때문에 전율할 때가 많다. 육아를 마친 지 까마득하지만 어린아이를 무자비하게 폭행하는 사진을 보면 분노가 끓어오르고 가슴이 두근거린다. 요즘은 CCTV가 있어 어린이들을 어느 정도 보호할 수가 있지만 아직 CCTV가 설치되지 않은 사각지대에서는 어떤 일이 일어나고 있는지 아무도 모른다. 그래서 예나 지금이나 자식을 떼어놓고 직장에 나가는 젊은 엄마들은 늘 불안한 것이다. 언제나 이 땅에 젊은 엄마들이 마음 놓고 어린아이를 맡기고 출근할 수 있을는지 그런 날이 빨리 오기를 손꼽아 기다린다.

3.
그때 그 시절

원족 가는 날

　전쟁이 끝난 후, 우리 동네 돈암국민학교는 속속 귀가하는 피난민 행렬 때문에 학급 수가 많기로 유명했다. 우리 학교뿐만 아니라 서울 시내 대부분의 학교가 비슷한 사정이었으나 특히 그중에서도 돈암국민학교는 과밀 학급으로 유명했다. 오죽하면 오전, 오후로 나누어서 수업하는 2부제 수업도 모자라서 3부제 수업을 했을까.
　선생님이 소풍 날짜를 발표하면 그때부터 손가락을 세어가며 날짜를 꼽는다. 그땐 왜 그리 날자가 더디 가는지. 그때는 지금처럼 소풍이라고 하지 않고 원족이라 불렀고 말 그대로 먼 거리를 걸어서 갔다. 원족 장소는 주로 창경궁(그때는 창경원이라 불렀음)이거나 정릉이어서 전교생이 두 줄로 서서 구령에 맞추어 걸어갔다. 앞에 가는 사람이 '하나! 둘!' 선창하면 뒤따라가는 사람이 '셋! 넷!' 하면서 짧은 다리로 투정도 하지 않고 잘도 걸었다. 아마 지금 아이들 같으면 울고불고 난리가 날 것이다.

먹고 살기 힘든 시절에도 치맛바람이라는 것이 대단했다. 그때도 일류 중학교에 들어가려고 엄마들은 학교를 뻔질나게 드나들며 소위 '와이로'라는 것을 바쳤는데 소풍날에도 예의 그 치맛바람이 휩쓸고 지나갔다. 학급의 반장이나 부반장 엄마들은 선생님이 드실 점심을 바리바리 싸들고 의기양양하게 소풍 대열에 끼어들었다. 어머니들이 점심 판을 벌인 돗자리 위에는 없는 게 없었다. 찬합 속에 층층이 쌓은 김밥하며, 각종 전 부침, 갈비찜, 파인애플 통조림, 바나나 등이 즐비한 것을 곁눈으로 보며 침을 꿀꺽 삼켰던 적이 있다. 그때는 바나나가 귀한 과일이었고 바나나를 보는 일 자체도 쉽지 않은 시절이었다.

원족 전날에는 마음이 들떠 잠이 오지 않았다. 엄마가 용돈으로 얼마를 주실까, 누구와 함께 둘러앉아 점심을 먹을까, 무슨 놀이를 하며 놀까 등등을 생각하느라고 잠을 설쳤다. 뭐니 뭐니 해도 소풍날 가장 기대되는 것은 김밥이다. 김밥을 싸온 아이들은 자랑스럽게 도시락을 펼쳐놓고 먹지만 못 싸온 아이들은 기가 죽어 저만치 떨어져 점심을 먹었다. 지금 같으면 함께 둘러앉아 펼쳐놓고 서로 권하며 먹겠지만 어린 아이 인심으론 그럴 마음의 여유가 없었다. 오죽하면 옛 어른 말씀에 어린

애에겐 냉수도 한 잔 얻어 마시기 어렵다고 했을까.

소풍에서 빠져선 안 되는 것이 삶은 달걀이었다. 그날은 웬만큼 못사는 아이들도 가방 안에 삶은 달걀 한 개쯤은 들어있었다. 거기에 혀끝을 짜르르 자극하는 칠성 사이다나 구운 오징어 한 마리를 넣으면 더더욱 행복하였을 뿐만 아니라 용돈까지 받으면 하루 종일 행복했다.

머리가 커졌다고 중학생이 되자 소풍을 가면 반드시 사진 몇 장은 찍어야 소풍을 갔다 온 기분이 들었다. 유명 소풍지에는 항상 사진사 아저씨들이 진을 치고 기다리고 있었는데 일주일쯤 지나면 교문 앞에 그분들이 현상한 사진을 들고 기다리셨다. 얼마나 기억력이 좋으신지 얼굴이 반쯤밖에 나오지 않아 안 찾으려고 얼굴을 돌려도 귀신처럼 알아보시고 사진을 내밀었다. 앨범 한 귀퉁이에 누렇게 변색되어 꽂혀있는 사진들은 대부분 그때 그 아저씨들에게 찍은 스냅사진이다. 내 어린 날의 모습을 곱게 갈무리 시켜준 그때 그 사진사 아저씨들은 지금 무얼 하며 사실까. 핸드폰으로 사진을 찍는 시대가 되었으니 말이다.

DDT와 이(虱) 소탕

　전쟁이 휩쓸고 지나간 도시는 참혹하기 그지없었다. 거리마다 고아가 넘쳐나고 거지와 상이군인이 들끓었다. 아침엔 깡통을 옆구리에 찬 아이들이 집집마다 문을 두드리며 '밥 좀 주세요~ 녜~!' 하며 말 뒤끝에 성깔을 곧추 세워서 소리쳤고 상이군인들도 갈고리 손을 내밀고 막무가내로 떼를 쓰며 돈을 내놓으라고 협박하며 다녔다.
　버스정류장에는 으레 거지들이 진을 치고 있었다. 주로 멋쟁이 아가씨나 새하얀 교복을 입은 여학생들이 표적이 됐다. 일부러 숯 검댕을 묻히거나 땟물이 줄줄 흐르는 손으로 몸 가까이 다가와 닿을 듯 협박을 하면 안 줄 도리가 없었다. 한 번 표적을 삼으면 집요하게 달라붙어서 창피하고 옷에 묻을까 겁나서 돈을 주곤 했다. 그 돈은 아침에 가까스로 엄마에게 졸라

타낸 용돈이었는데 그 돈이면 교문 앞 빵집에서 김이 무럭무럭 나는 찐빵 하나를 사 먹을 수 있는데….

전후에 수도 사정과 전기사정은 최악이었다. 자연히 씻고 닦지 못하니 머리와 몸뚱이에 이(虱)가 창궐해서 공부시간에 앞에 앉은 아이의 머리 위로 이가 나와 슬슬 산보하는 풍경도 흔히 눈에 띄었다. 저녁 마다 식구들이 모이면 흐릿한 호롱불 아래서 이 사냥이 벌어진다. 여섯 명의 딸을 둔 우리 엄마도 딸들의 긴 머리 땜에 어지간히 살생을 하셨다. '짱그랑이'라는 말을 들어본 적이 있는가. 이것은 서캐가 자라서 성충이 되기 전의 아주 작은 이를 말하는데 살밑에 바짝 붙어있어서 잡는데 애를 먹이곤 했다.

이를 잡아 죽이는 방법도 여러 가지이다. 가장 보편적인 방법은 엄지손톱 사이에 넣어서 눌러 죽이는 방법이지만 이가 많을 때는 그런 방법으론 안 된다. 옛날엔 집집마다 아랫목에 화로가 있었다. 보통은 화로가 있는 따뜻한 아랫목에 모여서 이 사냥을 벌이게 되므로 일일이 눌러 죽일 수가 없을 때는 그냥 화롯불 위에다 털어 넣는다. 이른바 화형이라는 거다. 머릿니는 참빗을 이용하면 쉽게 해결할 수 있다. 이때는 미리 커다란 신문지를 깔고 시작해야 한다. 손목에 힘을 주어 위에서부터 아래로 훑어 내리면 신문지 위로 검은 이가 뚝뚝 떨어지는데 얼마나 빠른지 도망가기 전에 얼른 쫓아가서 죽여야 한다. 대체적으로 몸에 사는 이는 색깔이 희고 머리에 사는 이는 검었던 것으로 기억하는데 그 이유는 모르겠다. 녀석들이 눈에 쉽게 띄지 않기 위해 본능적으로 보호색을 띠었던 것이 아닐까.

지긋지긋한 이가 사라진 것은 미군이 가져다 준 DDT를 사용한 이후부터다. 알고 보면 DDT는 독성이 강한 살충제인데 그 시절엔 인체에 해롭고 이롭고를 따질 겨를이 없었다. 그저 지긋지긋한 이만 소탕된다면 DDT보다 더한 약도 썼을 테니까.

가끔 고등학교 동창들과 만나면 옛날이야기를 할 때가 있는데 그때 반드시 나오는 이야기 중에 하나가 가정선생님 한복 동정 위로 기어 다니던 이 이야기다. 가정선생님 하면 얼마나 깔끔하고 단정하신 분인가. 그런데 하필 수업시간에 이 한 마리가 옷 밖으로 산책을 나왔던 것이다. 한창 시력이 좋은 나이라 아이들 눈에 곧 띄었고 그때부터 짓궂은 아이들의 중계방송이 시작되었다. '나왔다!' '들어갔다!' 한 시간 내내 아이들은 선생님 수업은 귓전이고 곡예를 부리는 이를 보느라고 동정 위로만 시선이 집중되었고 선생님은 왜 그런지도 모르고 수업시간이 산만하다고 성을 내셨다. 이 이야기는 이(虱)란 놈은 빈부귀천이나 남녀노소 가리지 않고 조건만 맞으면 임금님 상투에도 올라간다는 사실과 그 시절에 이가 얼마나 집집마다 들끓었는지를 반증해주는 에피소드다.

채변봉투

 무서운 전염병을 일으키고 온몸을 근질거리게 만들어 점잖은 체면에 손상을 입히는 이(虱)도 문제였지만 눈에 보이지 않고 뱃속에 들어가 양분을 빨아먹는 기생충이 더 큰 문제였다. 초등학교와 중·고등학교를 다니는 동안 한 해도 거르지 않고 선생님 주는 채변 봉투에 대변을 담아 꼬박꼬박 제출했다.
 그 시절 채변 봉투에 얽힌 얘기는 무궁무진하다. 어떤 애들은 자신의 대변 대신에 남의 것을 넣어 냈고 어떤 아이는 개똥을 넣어서 내기도 했다. 또 어떤 못된 애들은 된장이나 비슷한 이물질을 넣어 내는가 하면 장난기가 심한 학생은 비스킷을 씹어서 냈다. 그러나 그것들이 제출 당시에는 통과되지만 검사결과가 나올 때는 모두 들통이 나서 선생님께 끌려가 호되게 야단을 맞고 다시 채변 봉투를 받아 결국은 자기 것을 내야 끝났던 웃지 못 할 이야기들이 많다.

　기생충의 원인은 비료 대신 채소밭에 거름으로 주는 인분 때문이다. 인분은 그 시절 돈 안들이고 얻을 수 있는 유기농 비료인 셈이나 문제는 기생충 알이 채소를 통해 중간 숙주 역할을 하는 인체로 들어가 성장하고 성충이 되면 다시 알을 낳고 알은 또 다시 배변을 통해 채소밭으로 가고 이러한 순환 사이클의 반복으로 전 국민이 기생충에 감염되었던 것이다.

　그 시절 부모들은 봄, 가을로 구충제를 사다가 식구들을 한자리에 모아놓고 먹이는 것이 연례 행사였다. 구충제를 복용한 다음날부터는 기생충들이 변에 섞여 몸 밖으로 나오기 때문에 변소에 가는 일이 끔찍했다. 한밤중에 갓난아기들이 이유 없이 자지러지게 우는 경우 십중팔구는 항문 주위를 어슬렁거리는 요충 때문이다. 육안으로도 보이므로 항문 주위를 깨끗이 씻겨주면 울던 아기가 울음을 그치고 잠드는 일이 많았다. 그 시절엔 재래식 화장실 바닥에서 우글거리는 기생충을 보는 것이 예사로운 일이었고 공중 화장실은 더 끔찍했다.

　몸속에 기생충이 있는 아이들은 얼굴색이 노랗고 안색이 창백했다. 인체가 흡수할 영양분을 기생충이 빨아먹기 때문이다. 재수가 없으면 기생충이 뇌 속으로 파고들어가 실명을 하거나 목숨을 잃는 경우도 있었다. 박완서의 자전적 성격이 짙은 작품 「그 남자의 집」에 등장하는 첫사랑 남자 이야기가 바로 기

채변봉투

생충의 피해자가 아니었나하는 생각이 든다. 헤어지고 오랜 후에 들은 첫사랑 그 남자의 소식이 안타깝게도 머릿속 벌레 때문에 발작을 일으켜 고통을 받다가 끝내는 장님이 되었다는 허망한 얘기로 마무리 되는 대목에서 '젊음을 황홀하게 빛낸 기쁨의 시간이 다 벌레의 선물이었을까? 설마 처음부터 끝까지 다는 아니겠지…'라는 박완서의 독백이 자꾸만 생각난다. 그런데 기생충에 얽힌 지저분한 이야기를 쓰면서도 그 시절에 대한 묘한 향수를 느끼는 이유는 무엇일까? 생활의 불편함 따로, 지난날의 추억 따로 때문은 아닐까?

빵꾸난 양말 깁기

　5, 60년대의 이야기를 하고 있으려니까 마치 타임머신을 타고 원시시대로 돌아간 느낌이다. 지금의 십대 청소년들이 이 글을 읽으면 어느 나라 이야긴지 이해가 잘 안 될 것이나 그 시절의 이야기는 분명 내 어린 시절 보고 먹고 입고 생활하던 모습에서 한 치도 빼지도 보태지도 않은 사실이므로 부끄럽다 생각하면 부끄러운 일일 것이고, 가난한 시절을 살아온 이 땅의 어머니들이 겪은 인고의 역사라 생각하면 소중한 역사가 될 것이다. 기왕 옛날 얘기를 하는 김에 양말 깁던 얘기도 털어놓자.
　예전엔 잘사는 사람이나 못사는 사람이나 양말을 기워 신었다. 한 번만 깁는 게 아니라 구멍이 날 적마다 색이 다른 헝겊을 이용해 이리 덧대고 저리 덧대어 여러 번 기웠다.

양말 중 가장 구멍이 잘 나는 부분은 발가락 앞부분과 뒤꿈치 부분이다. 거기에 큼지막한 헝겊을 덧대서 기운 양말을 보는 것은 그리 낯선 풍경이 아니었고 부끄러운 일도 아니었다. 누구나 모두 그랬으니까. 한나절만 뛰어 놀아도 뻥뻥 뚫어지는 면양말을 어찌 당할 수 있으리오. 양말도 자주 깁다보면 노하우가 생기는 법, 불쑥 튀어나온 뒤꿈치를 깁는 데는 알전구만큼 안성맞춤인 게 없다. 필라멘트가 끊어져서 못쓰게 된 전구를 구멍 난 양말 뒤꿈치에 끼워 넣고 그 위에서 감침질을 하면 반대편에 바늘이 잘못 들어가 마주 꿰매는 불상사도 일어나지 않을 뿐더러 능률이 배로 올라 수월했다.

그 시절 어머니들은 정말 고되고 힘든 나날을 사셨다. 하루 종일 힘들게 일하고도 저녁엔 구멍 난 양말 기우랴, 바느질 하랴, 쉴 틈이 없었다. 그들이 바로 오늘의 우리 어머니요 할머니들이다. 여자들을 지긋지긋한 양말 깁기 노동에서 해방시킨 것은 나일론 양말 덕분이다. 질긴 나일론 양말이 나온 후로는 양말을 기울 필요가 없어졌을 뿐만 아니라 값도 싸졌다. 양말이 패션의 일부가 되어 의상에 맞춰 어떤 양말을 신을까 고민하는 요즘 젊은이들에게 빵꾸난 양말을 기워서 신으라 하면 어떨까. 아마 모두 뒤로 나가 넘어질 것이다.

간따꾸와 월남치마

  나일론은 석유화학의 대표적인 산물이다. 풀 먹여 다려야 하는 뻣뻣한 무명옷만 입다가 가볍고 금방 마르고 다림질도 필요 없는 나일론을 보자 여인들이 환장을 하였다. 게다가 색깔과 무늬는 또 어찌 그리 예쁘던지, 나일론이 의생활 전반을 전환시킬 무렵 어린 계집아이들이 입는 옷으로 간따꾸(일본말로 간이복 '간단후쿠'를 칭함)라는 꽃무늬 나일론 원피스가 대유행을 하였다. 처음엔 부잣집 애들만 한두 명씩 입고 다니더니 점점 숫자가 불어났다. 내 기억에 그때가 초등학교 2학년 무렵이었던 것 같다. 꽃무늬 간따꾸를 입은 애들은 모두 공주처럼 보였다.
  그리하여 나는 점점 심술을 부리기 시작했다. 엄마가 불러도 못 들은 척 하고 심부름을 시켜도 뻗대고, 그럭저럭 일주일쯤 지나갔을까, 어느 날 기적처럼 장에 갔다 오신 엄마 장바구니

속에 내가 그토록 갈망하던 분홍색 사구라꽃(벚꽃)무늬 원피스가 들어 있었다. 소매는 봉긋하게 솟아 올라오고 허리엔 잔주름이 잡혀있는 예쁘고 귀여운 원피스였다. 얼마나 좋은지 간따꾸를 입고 학교에 간 첫날은 옷만 내려다보느라 선생님 말씀도 귀에 들리지 않았고 하루 종일 입도 다물지 못했다.

나일론 옷이 흔해지면서 월남치마라는 것이 대유행을 하였다. 허리엔 고무줄을 넣어 뚱뚱한 사람이나 마른 사람이나 두루 입을 수 있었고 모양은 통치마처럼 만들어 발목까지 내려오는 치마였다. 지금 생각하니 볼품은 별로 없었던 것 같다. 그런데도 그때는 대한민국의 여인치고 월남치마를 안 입어 본 여자가 없을 정도로 대유행을 하였다. 불편한 한복만 입다가 나일론으로 만든 통치마를 입어보니까 그 편리함에 매료되어 한번 입어 본 사람은 벗을 줄을 몰랐다. 시장을 갈 때도, 외출할 때도, 선생님을 만나러 학교에 갈 때도, 월남치마를 입고 나갔다. 어디를 가나 월남치마 일색이었다. 나중엔 안팎으로 입는 월남치마도 나왔다. 오늘은 자주색 월남치마였다가 내일은 푸른색 월남치마로 변신도 가능했다. 월남치마의 최대 장점은 저녁에 빨아서 아침에 툭툭 털어서 입을 수 있다는 것이다. 물론 구김살이 가지 않아 다림질 할 필요도 없었다.

나일론은 종래의 여인들이 해 왔던, 풀 먹이고 두드리고 다림질 하는 노동에서 여인들을 해방시켜준 편리한 섬유다. 그러나 뻣뻣하게 풀 먹여 다듬은 모시 한복을 곱게 차려 입고 긴 치마 꼬리를 한 손으로 살짝 치켜 올린 조선 여인의 기품과 나일론 월남치마를 질질 끌고 다니는 여인을 어찌 비교할 것인가. 편리함 밑에는 보이지 않는 천박함이 있는 법이다.

물지게와 똥지게

예전엔 아주 잘 사는 집이나 수도가 있었지 대부분의 사람들은 동네 우물가나 공동수도에서 물을 떠다가 부엌에서 설거지를 하고 설거지가 끝나면 구정물을 들고 나와 밖에다 버렸다. 그나마 수챗구멍이라고 불리는 공동 하수구 시설이 있는 동네는 다행이지만 없는 동네는 구정물을 길가에 버리는 경우가 많았으니 자연히 여름에는 악취가 나고 벌레들이 들끓고 겨울에는 빙판이 되어 지나가는 행인들이 미끄러지는 낙상사고도 줄을 이었다. 그래도 사내아이들은 신나게 그 위에서 미끄럼도 타고 팽이 돌리기도 하고 구슬치기도 하며 놀았다.

동네 우물가는 요즘 말로 표현하면 마을 포럼이 열리던 곳이었다. 어느 집에 무슨 일로 부부싸움이 일어났는지 어느 집에 남편이 누구와 바람이 났는지 어느 집에 딸이 누구와 사귀는지 마을 우물가에만 나가면 동네 소식을 훤히 알 수 있었고 잘못을 저지른 사람은 우물가에 얼굴을 들고 나가지 못할 정도로 무언의 힐난을 당하던 곳이다. 바깥출입이 자유롭지 못했던 시대에도 동네 아낙네들이 떳떳하게 나다닐 수 있었던 곳이 우물가였으니 여인들의 해방구 역할을 했던 곳이라고나 할까. 오죽하면 60년대에 '앵두나무 우물가에 동네 처녀 바람났네'로 시작하는 노래가 대히트를 쳤을까.

5·16 혁명이 나고 박정희 대통령이 새마을 운동을 전개하면서 우리나라는 근대화의 길을 걷게 되었다. 좁고 질척거리던 골목길은 넓혀지고 깨끗이 도로포장이 되었으며 탈도 많고 말도 많았던 우물이 매립되고 그 자리에 공동수도가 설치되기 시작했다. 처음 공동수도가 설치됐을 때 사람들은 신기한 듯 수도꼭지에서 콸콸 쏟아지는 물을 바라보며 탄성을 질렀고 순서대로 수돗물을 받기 위해 물통을 줄줄이 세워놓고 기다렸다. 그때 잠시라도 물통 곁을 떠나게 되면 어느 틈에 물통을 새치기 하는 사람이 있어서 수돗가에는 하루도 잠잠할 날 없이 고성이 오갔다.

그 시절엔 물지게를 메고 밥술이나 먹는 집에 물을 대주는 물장수가 있었다. 으레 부엌 한구석에는 큰 물독을 놓아두어서 물장수들은 주인이 없어도 물을 가득 채워놓고 가곤 하였다. 그런데 가끔 주인과 물장수 사이에 실랑이가 벌어진다. 이유는 물값을 계산할 때 물통수가 안 맞는다는 거다. 큰 물독에 한두 통 속인들 누가 알겠는가. 물장수 양심을 믿을 수밖에. 그래서 물은 꼭 단골 물장수에게만 사먹었다.

물이 귀한 그 시절엔 지금처럼 수돗물을 흘려가며 설거지 한다는 것은 상상도 할 수 없는 일이었다. 더구나 용변 후 물을 사용해 뒤처리를 하는 수세식 화장실이 나올 줄은 꿈에도 상상하지 못했다. 수세식 화장실은 외국 잡지에서나 보는 그림의 떡이었고 거의가 재래식 변소였다. 똥통이 가득 차면 치워야 하고 똥을 치우려면 똥 푸는 아저씨를 불러야 하는데 이때도 집집마다 진풍경이 벌어졌다. 아저씨가 퍼 올리는 통 수 대로 계산하기 때문에 그 옆에 코를 막고 지켜 서서 숫자를 세어야 하는데 이때도 똥 푸는 아저씨와 주인 사이에 묘한 신경전이 오간다. 10통이라느니 11통이라느니 고성이 오간 후에 심술 맞은 아저씨들은 고의로 분뇨를 슬쩍 마당에 흘리고 가기도 했다. 더 웃기는 것은 다 푸고 나서 뒷정리로 약간의 물을 부어 변소 밑바닥을 깨끗이 처리하는 순서가 있는데 이때도 주인은 이것을 서비스 차원으로 해 달라느니 안 된다느니 하며 실랑이가 오갔다.

똥 푸는 얘기를 쓰다 보니 문득 어린 시절 부르고 놀았던 노래 같지 않은 노래 가사가 떠오른다. "○○○ 아버지는 똥 퍼요, 하루도 쉬지 않고 똥 퍼요…." 아이들 끼리 모여서 놀 때 어떤 아이를 약 올리고 싶으면 ○○○ 자리에 슬며시 그 아이 이름을 넣어 합창을 하면 그 아이가 약이 올라 엉엉 울며 집으로 뛰어가고, 잠시 후에 화가 잔뜩 난 그 애 엄마가 부지깽이를 들고 나와 동네 아이들을 잡도리하곤 하였다. 지금 생각하면 별것도 아닌 일을 가지고 그때는 왜 그렇게 화를 내고 창피해 했는지 모르겠다.

구질구질했던 어린 시절의 이야기가 아름다운 추억으로 회상되는 것을 보면 나도 어지간히 나이를 먹긴 먹었나 보다.

단발머리와 빡빡이

　얼마 전, 동네 미장원에서 있었던 일이다. 어림잡아 3살쯤 되어 보이는 여자아이가 머리를 자르고 있었다. 어린아이 치고는 꽤 얌전하다 싶었는데 커트가 거의 끝나갈 무렵 갑자기 울음보를 터트리는 게 아닌가. 오랫동안 의자에 앉아있어 불편하고 힘들어서 투정을 부리나보다 했는데 그게 아니었다. 3살짜리 꼬마가 우는 진짜 이유는 머리스타일이 마음에 들지 않아서 라는 거다. 엄마와 미용사가 쩔쩔매며 달래고 얼러도 울음을 멈추지 않는 그 꼬마를 보며 어릴 적 생각이 났다.
　그 시절엔 이발소와 미장원이 흔치 않았다. 어떻게 아는지, 동네 아이들의 머리가 덥수룩해질 무렵이면 귀신같이 이발사 아저씨가 나타났다. 추석이나 설 같은 명절을 며칠 앞두고는 반드시 나타났는데 그날은 온 동네 아이들이 단체로 머리를 깎는 날이다. 정신없이 놀다가도 자기 차례가 되면 어느새 알고 달려와 임시로 마련된 의자에 얌전히 앉았다.

하얀 망토를 목에 씌우고 움직이지 못하도록 엄지와 검지로 턱을 잡고 나서 촘촘한 빗으로 머리를 빗긴 후에 가위를 들고 머리를 깎기 시작하는데 한 번도 머리 스타일에 대해 물어본 적이 없다. 언제나 일방적으로 여자애들의 앞머리는 이마 절반쯤에서 깡총 올려 일자로 자르고 옆머리는 보통 오른쪽 귀 중간쯤에서 시작하여 뒷머리를 돌아 다시 왼쪽 귀 중간쯤에 와 멎으면 끝난다. 이른바 단발머리라는 거다. 단발머리의 피날레는 뒤통수에 절반쯤 남은 머리카락을 짧고 동그란 붓에 비누거품을 잔뜩 묻힌 다음 면도질 하여 마무리하는 것이다. 면도를 시작하기 전에 이발사 아저씨는 꼭 아이들이 보는 앞에서 시퍼런 면도날을 가죽 띠 위에 쓰윽쓰윽 문지른다. 그때 칼날에서 번쩍 번쩍 빛나던 섬광이 어찌나 무서웠던지 지금도 면도칼을 보면 그때 생각이 난다. 면도질을 할 때 꼼지락거리지 않고 잘 참으면 칭찬을 받았고 간지러워서 꼼지락거리거나 키득키득 웃으면 점잖지 못한 아이라고 야단을 맞았다.

그 시절 남자아이들은 모두 빡빡머리였다. 고속도로 밀듯이 바리깡으로 밀기만 하면 끝났는데 덥수룩하던 머리카락이 잘려 나가면 평소엔 보이지 않던 흉터가 나타났다. 동네 사내아이들 중 머릿속에 크고 작은 상처 한두 군데 정도 없는 아이가 별로 없었다. 70년대 초에 히트한 TV 드라마 「여로」에 나오는 남자 주인공 영구 머리가 바로 그 시대 남자아이들의 상징적인 머리 모습이라고 보면 된다. 영구하면 떠오르는 이미지는 덥수룩한 머리와 머릿속에 붙어있던 커다란 부스럼 딱지가 아닌가.

제니스 라디오와 백색전화

그 시절엔 미제 제니스 라디오 한 대만 있어도 으쓱했었다. 성우 구민 아저씨가 구수하게 풀어놓는 이야기나 고춘자 아줌마와 장소팔 아저씨가 재치 있게 엮어가는 만담을 들으면 시간 가는 줄 몰랐다. 텔레비전이 나오기 전까지 라디오 방송극은 안방의 최고 인기였다. 방송극이 시작될 시간이 되면 동네 꼬마들이 라디오가 있는 집 마당으로 모여들었다. 성우들이 어찌나 생동감 있게 연출을 잘하던지 라디오 속에 실제 조그만 사람들이 들어가 울고 웃는 줄 알았다. 때로는 할아버지도 나오고 젊은 여자도 나오고 어린 아이들도 나오고 심지어는 기차소리까지 나와서 그 작은 상자 속에 어떻게 기차가 들어갔나 고개를 갸우뚱거리던 시절도 그 무렵이었다.

친정에 가면 지금도 그때 제니스 라디오가 문갑 위에 한자리

차지하고 놓여 있다. 부산 피난생활에서 돌아와 생활이 안정되면서 제일 먼저 장만한 것이 "저 제니스 라디오다" 하시며 어머니가 특별히 애착을 가지셨던 물건이다.

텔레비전과 전화가 보급되기 시작한 한 것은 60년대 들어서부터였다. 그 시절 장안에 화제는 박치기를 잘하는 김일 선수와 당수를 잘하는 천기덕 선수가 나오는 프로레슬링이었다. 레슬링 중계가 있는 날은 텔레비전이 있는 집 마루와 마당에까지 동네 사람들로 발 디딜 틈이 없었는데 특히 한 일전이 벌어지는 날은 혈압이 높은 우리 아버지 때문에 늘 초비상이 걸렸다. "아버지! 저저 다 쇼래요!" 그래도 아버지는 두 주먹을 불끈 쥐고 흥분을 하셨다. 실제로 그 시절엔 레슬링 중계방송을 보다가 혈압이 올라 죽었다는 기사가 신문에 가끔 실렸었다.

작금의 이동통신의 발전을 보고 있노라면 참으로 과학이 무서운 속도로 발전하고 있음을 실감한다. 처음 전화가 나왔을 적엔 한 동네에 한 대가 있을까 말까 하여 동네 공중전화 역할을 하였다. 낮에 걸려오는 전화는 그래도 바꿔주기가 괜찮은데 아침 일찍 걸려오는 전화나 밤늦게 걸려오는 전화는 정말 짜증이 났다. 전화를 받는 측도 미안해서 문지방을 들어설 때는 "죄송합니다" 소리를 연방하며 발뒤꿈치를 높이 들고 살금살금 소리 나지 않게 드나들었다. 결혼하여 수유리에 신혼살림을 차렸을 때 하루아침에 전화를 바꿔주던 주인집 딸에서 주인 집

눈치를 보며 전화를 얻어 쓰는 셋방살이 새댁으로 전락했는데 남의 집 방문을 열고 들어가 전화를 받는 일이 생각보다 훨씬 등에 땀나는 일이라는 걸 그때서야 깨달았다.

　전화도 백색전화와 청색전화가 있었다. 마음대로 사고 팔 수 있던 전화는 백색전화라 불렀고 사고 팔 수 없던 것은 청색전화라 불렀는데 백색전화는 60년대 말까지만 해도 2, 3백만 원을 호가하여 허름한 집 한 채와 맞먹는 값이었다. 20여 년 전, 핸드폰이 처음 나왔을 때도 값이 수백만 원을 호가하여 사업을 하는 사람이나 부자가 아니면 살 엄두를 내지 못했다. 게다가 크기는 또 얼마나 컸는가, 무전기처럼 생긴 커다란 핸드폰을 가지고 다니면 얼굴을 다시 한 번 쳐다 볼 정도로 핸드폰을 가진 사람이 드물었는데 지금은 초등학교 학생들까지 모두 핸드폰을 가지고 다니는 세상이 되었다. 그때 앞으로 핸드폰 값이 30만 원 정도로 내려가면 사겠노라고 말했더니 모든 사람들이 이구동성으로 그런 일은 일어나지 않을 거라고 했다. 그러나 보라! 지금은 공짜로도 핸드폰을 주는 시대가 되지 않았는가. 과연 과학 기술의 끝은 어디까지일까?

19공탄

 언제부턴가 장작불 때는 아궁이가 사라지고 그 자리에 연탄아궁이가 자리 잡았다. 흔히 19공탄이라고 불리는 연탄은 장작보다 편리하긴 하지만 가스중독이라는 위험이 항상 도사리고 있어 여간 두렵지가 않았다. 겨울철만 되면 '일가족 연탄 중독 사망'이라는 굵직한 신문기사가 자주 눈에 띄었고 내 주변에서도 연탄가스를 마셔 죽을 고비를 넘긴 사람이 여럿 있다.
 19공탄은 말 그대로 구멍이 열아홉 개가 뚫려있어서 붙여진 이름이다. 연탄을 능숙하게 다루고 못 다루고는 열아홉 개의 구멍을 얼마나 빠르고 정확하게 맞추느냐에 달려있다. 처음 해 보는 사람일수록 오래 걸리면서 구멍이 어긋나고 맞지 않아 애를 먹는데 문제는 구멍을 맞추려고 연탄아궁이 위로 얼굴을 오래 숙이고 있는 동안 연탄가스를 맡게 되는 것이다. 그래서 연탄을 가는 동안은 될 수 있는 데로 숨을 참았다가 한꺼번에 터트려야 하는데 빨리 성공하지 못할 경우 숨이 턱까지 차올라 쓰러지기 일보직전이 된다.

연탄에 얽힌 애환은 이것 말고도 무궁무진하다. 잠들기 전에 연탄을 갈고 자자니 화력이 너무 많이 남아 있고, 그냥 잠들자니 보나마나 아침에 싸늘하게 식은 연탄재가 기다리고 있을 거고 그렇다고 화력이 스러질 때까지 기다리자니 밀려드는 잠을 뿌리칠 수 없고 이럴 때는 극단의 조치로 들어갈 수밖에 없다.

연탄이 한창 타오를 때는 아래 위 연탄이 한 덩어리로 달라붙어 엄청난 화력을 발산하기 때문에 분리시키는 작업이 여간 힘든 일이 아니다. 그러나 웬만큼 살림을 한 주부들은 그 노하우를 안다. 우선 두툼한 면장갑부터 끼고 연탄집게로 활활 타오르는 연탄을 꺼내는 즉시 땅바닥에 눕힌 다음 과감하게 식칼로 공격해야 하는데 이때 단칼에 하지 않으면 무쇠 칼이 열을 받아 누그러지거나 연탄이 여러 조각으로 깨져 낭패를 본다. 그러나 뭐니 뭐니 해도 연탄의 최대 불편은 연탄불이 죽었을 때다. 신나게 밖에서 놀고 들어왔는데 연탄불이 꺼져있을 때나 추운 겨울 새벽녘에 싸늘하게 식은 방바닥 아래로 발이 닿을 때 정말 싫다. 한두 구멍이라도 불길이 남아있는 경우는 그래도 살리기가 쉬우나 완전히 죽은 연탄불을 살리기란 맨땅에 헤딩하는 것과 같아서 여간 곤욕스러운 일이 아니다.

죽은 연탄불을 살리기 위해 눈물 콧물 흘려가며 고생하던 주부들을 구해 준 것이 번개탄이다. 번개탄이 나온 후론 신문지 한 장만 있으면 손쉽게 연탄불을 살릴 수 있었으나 이 물건이 나오기 전에는 원시적인 방법으로 불을 피울 수밖에 없었다. 잘게 자른 나무 불쏘시개를 연탄 위에 올려놓고 나무에 불이 붙기 시작하면 살포시 그 위로 새 연탄을 올려놓아야 하는데 말이 쉽지 실제로 성공 하려면 여간 내공을 들여야 하는 일이 아니다. 연탄을 사용한 사람은 누구나 한 번쯤 이 짓을 해 봤을 것이고 연탄불 꺼지는 것에 대한 공포가 심연 속에 깔려있을 것이다. 나 또한 신혼 초에 연탄불이 꺼져서 혼이 난 적이 한두 번이 아니어서 생각만 해도 몸서리가 쳐진다. 추운 겨울날 연탄불을 갈러 밖으로 나가는 것은 죽기보다 싫은 일이다. 지금은 설거지 해주는 남편이 좋은 남편이지만 그 시절엔 연탄불 갈아주는 남편이 으뜸남편이었다.

아무리 연탄불이 불편하고 위험한 존재이긴 하였어도 사라져 간 문명의 뒤안길을 돌이켜보면 반드시 그에 대한 아련한 향수가 남아있기 마련이다. 어찌되었건 지금의 가스에너지로 바뀌기 전에는 연탄불로 모든 생활을 영위해왔던 것이 사실이니까. 긴긴 겨울밤 연탄불이 활활 타오르는 따뜻한 아랫목에 온 식구가 모여앉아 도란도란 이야기꽃을 피우다가 출출해질 무렵 시원한 메밀묵 한 그릇과 찹쌀떡은 얼마나 삶에 기쁨을 주었던

가. 지금처럼 겨울철에도 아파트 안에서 반팔차림으로 생활하고 제각기 제 방에 틀어박혀서 컴퓨터 삼매경에 빠져 있다가 한밤중이라도 문 열고 나가면 먹을 것, 입을 것, 눈요기할 것이 지천인 세상에 사는 젊은 세대들은 그 시대의 낭만을 이해하지 못할 것이다.

"메~밀~묵~사~려!"

"찹싸~알~떠억!"

지금은 들을 수 없는 사라져간 소리지만 구성진 목소리 이면에는 잊혀져간 우리들의 추억과 사라져간 우리들의 젊음과 지글거리는 연탄불의 정열이 있었다.

다듬잇방망이와 숯불 다리미

　세탁기가 보급되기 전에는 빨래도 주부들이 일일이 손으로 비벼 빨았다. 그나마 형편이 나아 수도가 있는 집은 자기 집 마당에서 빨았고 수도가 없는 집은 마을 근처 개울이나 공동빨래터에 나가 빨았다.
　청계천도 복개하기 전까지는 서울시민의 빨래터였다. 아기 똥기저귀를 빨 때나 두꺼운 옷을 빨 때는 흐르는 개울물에 빠는 게 훨씬 수월하다. 넓은 바윗돌 위에서 신나게 방망이질을 해대면 때도 쏙쏙 빠지고 시집살이에 지친 마음도 씻겨 내려간다. 고무장갑이 나오기 전에는 한겨울에도 꽁꽁 언 시냇물을 깨고 맨 손으로 빨래를 하였다. 맨 처음 고무장갑을 개발한 이가 누구인지 여인들은 그분에게 엎드려 절을 해야 한다. 덕분에 고생이 줄고 손이 예뻐졌으니까.

예전엔 이불 홑청도 꼭 삶아서 풀을 먹인 후 다듬이질을 해서 갈아 끼웠다. 지금은 다듬잇돌이 골동품으로 전락해 버렸지만 예전엔 필수품이었다. 다듬잇방망이 소리가 잦을수록 어느 집 며느리가 부지런하다는 둥 게으르다는 둥 평가가 나왔고 두드리는 방망이 소리만 들어도 그 사람의 성격이 나타났다. 강하게 두드리는 사람이 있는가 하면 리드미컬하고 부드럽게 두드리는 사람이 있다. 둘이 마주 앉아 두드릴 적에는 박자가 맞아야 듣기도 좋을뿐더러 두드리는 사람도 지치지 않고 오래 두드릴 수 있다. 무슨 일이던지 힘 빼기 3년이란 말이 있잖은가. 방망이질도 연륜과 노하우가 필요해서 오랜 수련을 쌓아야 단아한 소리가 나왔다.

명상가이며 무용가로 널리 알려진 홍신자씨는 70년대 초 뉴욕의 한복판에서 무용발표회를 열었는데 효과음으로 다듬잇방망이 소리를 넣어 대성황을 이뤘다고 한다. 물론 단순한 다듬잇방망이 소리 하나로 어떻게 수준 높은 서양인들의 혼을 사로잡을 수 있었겠는가. 거기에는 무대 조명이라든가 홍신자씨 만의 독특한 안무라든가 다듬잇방망이 소리가 갖는 묘한 리듬감이 종합되어 높은 예술로 승화되었을 것이다.

빨래보다 더 힘든 것은 다리미질이다. 지금은 간편한 전기다리미나 세탁소에 맡겨 아예 다리미질을 하지 않고도 살 수 있지만 그 시절 여인들은 모두 숯불 다리미를 이용해서 옷이며 이불 홑청을 다렸다. 가만히 앉아 있기도 힘든 무더운 여름날 구멍이 숭숭 뚫린 사이로 숯불이 보이는 철제 다리미를 들고 일하는 것을 상상해 보라. 생각만 해도 등줄기에서 땀이 솟지만 그 시대의 여인들은 모두 그렇게 살았다.

    프라이팬처럼 생긴 둥글고 긴 손잡이가 달린 숯불 다리미로 이불이나 치마 같은 큰 빨래를 다릴 때는 맞은편에서 붙잡아줘야 다릴 수가 있었다. 빨래의 주름이 팽팽해지도록 양쪽에서 잡아당긴 후 입속에 물을 가득 머금었다가 일시에 '푸!' 하고 내뿜으면 물이 사방으로 골고루 퍼져 빨래가 잘 다려졌다. 오늘날의 스프레이 대용이었던 것이나 그 일도 오랜 세월 연마를 해야 얻어지는 고난도의 기술이었다. 어른들이 하는 것을 보고 재미있을 것 같아 흉내를 내면 생각대로 되지 않고 한군데로만 무더기로 떨어져 낭패스럽던 기억이 새롭다.

땜장이 아저씨와 굴뚝 아저씨

 6·25전쟁 후에는 너나없이 살림살이가 빈궁하고 어려워서 양은냄비 하나도 애지중지 여기며 별러서 샀다. 요즘처럼 유행이 지나서 버리거나 싫증이 나서 버리는 일은 상상도 할 수 없는 일이었을 뿐만 아니라 쓰다가 구멍이 나면 땜질을 해서 다시 썼으므로 땜질만 전문적으로 하는 아저씨들이 특수를 누렸다.
 우리는 그분을 땜장이 아저씨라 불렀는데 그분이 동네에 나타나면 집집마다 기다렸다는 듯이 구멍 뚫린 냄비나 양은솥을 가지고 나와서 순식간에 일감이 수북이 쌓이곤 했다. 나는 무엇 때문인지 땜장이 아저씨가 작업하는 모습을 꼼짝도 않고 지켜보곤 했는데 아마도 호기심이 많은 소녀였나 보다. 땜질은 의외로 간단했다. 불에 달군 인두 끝에 뭔지 모를 쇳덩어리를 묻혀서 구멍 위에 눌러 붙인 다음 망치로 편편해질 때까지 두드리면 구멍이 감쪽같이 사라졌는데 마치 마술을 보는 것 같았다.

 19공탄이 나타나기 전엔 주부들이 아궁이 앞에 쪼그리고 앉아 눈물 콧물을 흘리며 장작불을 지펴서 구들장도 데우고 밥도 해 먹었다. 장작이 주 연료였던 그 시절엔 겨우살이 준비로 장작이 으뜸 품목이었다. 장작을 가득 실은 덤프트럭이 들어오는 날이면 온 식구가 총출동하여 광이며 처마 밑에 차곡차곡 쌓느라 하루 종일 눈코 뜰 새가 없었다. 심지어는 다섯 살 막내까지 제 몫을 하느라고 장작을 들고 다녔는데 점점 높게 쌓이는 장작더미를 바라보면 어린 마음에도 뿌듯했다. 아마도 따뜻한 부뚜막에 앉아 옛날얘기도 듣고 스러져가는 잿더미 속에 감자랑 군밤을 구워먹는 겨울철 낭만을 만끽할 기쁨을 미리 알고 있기 때문이리라.

 장작을 때면 성가신 일도 따른다. 그것은 바로 굴뚝의 그을음을 청소해야 하는 일인데 이 일도 전문가가 따로 있었다. 일명 굴뚝 아저씨라고 불리는 그분은 차림새나 복장이 독특했다. 전신에 까만 옷을 두르고 항상 까만 모자에 까만 솔이 달린 기다란 대나무를 칭칭 감아서 어깨에 둘러메고 징을 두드리면서 다녔다. 징소리와 함께 그 아저씨가 동네 입구에 나타나면 가슴이 두근두근 했는데 왠지 모르게 그 아저씨가 무서웠다. 지금 생각하니 그 아저씨의 복장이나 모양이 꼭 서양 마술사 같았다. 어릴 땐 그분이 왜 전신에 검정 옷을 두르고 다니는지 몰랐으나 커서 생각하니 너무도 당연한 일이다. 그분의 작업 공간이 항상 시커먼 그을음이 가득한 아궁이 속과 굴뚝 속이니 검정 옷을 입고 작업하는 것이 당연하지 않는가. 아마 처음에 흰 옷을 입었더라도 며칠 지나면 검정 옷이 되었으리라.

 굴뚝 없는 고층빌딩 아파트에 살면서도 가끔씩 "굴뚝~!"이라고 외치던 그분의 목소리와 징소리가 생각나는 걸 보면 지나간 것은 모두 아름답다는 누군가의 시 구절이 맞는가 보다.

4.
베이스캠프를 그리며

돈암시장

    1953년 7월 23일, 3년간 끌어오던 전쟁이 끝나고 휴전협정이 체결되자 아버지는 지긋지긋했던 부산 피난살이를 청산하고 올망졸망한 딸 다섯을 거느리고 서울로 돌아왔다.
    그때까지 전쟁 때 폭파시킨 한강다리가 복구되지 않아 서울로 귀향하는 피난민들은 자칫 한강을 건너다 급류에 휘말리거나 웅덩이에 빠져 목숨을 잃기도 했는데 다행히 우리 가족은 하늘의 도움으로 무사히 한강을 건넜다. 그리고 자리 잡은 곳이 하필 애국지사들이 철사 줄에 묶여 끌려간 한 많은 미아리고개 밑 돈암동이다. 여기서 우리 아버지와 어머니는 돌아가실 때까지 사셨고, 딸 여섯도 모두 이곳에서 시집을 갔다. 지금도 그곳에는 장남인 남동생이 아들 딸 낳고 오순도순 살고 있다. 그러니까 돈암동은 우리 형제들을 어른이 될 때까지 길러주고 가르쳐주고 사람 만들어 준 베이스캠프인 것이다.

언제부턴가 파머를 하러 미장원에 갈 때나 백화점에 갔을 때 '어디 사세요?' 하고 물으면 선뜻 강북에 산다고 말하기가 주저될 때가 있다. 강북에 사는 자격지심인지는 몰라도 강북에 산다고 하면 어딘지 모르게 무시하는 듯하고 반면 강남에 산다고 하면 어딘지 모르게 귀부인 대접을 받는 듯해 보일 때가 종종 있기 때문이다. 그 세태를 잘 말 해주는 것이 요즘 텔레비전의 인기 연속극이다. 드라마 마다 하나같이 주인공들이 사는 동네가 청담동이니 대치동이니, 압구정동이니 하는 강남으로 설정돼 있다. 70년대만 해도 그 자리는 삼청동이니 가회동이니 성북동이니 하는 강북의 동네로 채우지 않았던가.

돈암동은 일찍이 개화바람이 불어 전차가 다니던 동네다. 나는 이 전차를 타고 원남동까지 통학했다 아침마다 출발을 알리는 종소리가 그렇게 청아하고 상쾌할 수가 없었다. '땡땡땡!' 지금도 그때 내 귓전을 울리던 그 종소리는 뇌리 한 편에 고스란히 잠들어 있어 향수를 자아내곤 한다. 지금은 강남 8학군에 밀려 별 볼 일 없는 변두리 동네로 전락했지만 70년대까지만 해도 잘 나가는 1학군의 노른자에다가 강북 중에서도 알아주는 부촌이었다.

부촌인지 아닌지는 그 동네 시장을 가보면 안다. 돈암시장엔 없는 게 없었다. 정육점, 채소전, 생선전, 포목전, 신발가게,

국수전, 떡집, 순대 파는 집까지 골고루 갖추고 있었다. 그때는 지금처럼 대형 마트나 백화점에 가서 먹거리를 한꺼번에 사다가 냉장고에 채워놓고 먹는 문화가 아니었다. 장바구니를 들고 매일매일 시장엘 갔다. 물론 냉장고가 없던 시절이라 한꺼번에 사다 놓을 수 없는 것이 가장 큰 이유였지만 그보다는 친한 사람들끼리 삼삼오오 짝을 지어 쇼핑 겸 나들이로 시장엘 다녀와야 직성이 풀리던 시절이었다.

형제가 많다보니 엄마를 쫓아 시장에 갈 기회가 많지 않았다. 그래서 나 나름대로 어떻게 하면 엄마 손을 잡고 한 번이라도 더 시장엘 따라갈 수 있는지 터득했던 노하우가 있다. 저녁 무렵 엄마가 머리를 매만지며 장바구니를 찾는 기미가 보이면 그때 슬그머니 밖으로 나가 길목을 지키고 있다가 멀리서 엄마가 나타나면 짠하고 나타나는 수법을 썼다. 처음부터 따라간다고 나서면 안 데려갈 게 뻔하니까 선수를 친 것이다. 눈치 없는 다른 형제들은 초장부터 따라가겠다고 나서다가 혼만 나고 못 따라가는 경우가 허다했는데 나는 이 방법으로 여러 번 성공해서 순대도 얻어먹고 옷도 얻어 입은 적이 있다. 많은 형제 속에서 살아남는 생존법을 일찍이 터득했다고나 할까.

돈암동 개구리

돌이켜 보면 나처럼 도시 속에 살면서 자연을 만끽하며 자란 아이도 드물 것이다. 지금은 아파트 숲이 돼 버린 미아리고개 양쪽 언덕과 성신여대 뒷산, 고대 뒷산, 그리고 정릉천, 모두가 우리의 놀이터였다. 파릇파릇 새싹이 움트는 초봄부터 온 산이 울긋불긋 물드는 가을까지 산은 우리들에게 아기자기한 장난거리와 놀거리를 제공해 주었다.

물이 막 오른 버들강아지 줄기를 잘라서 연한 속살을 빼내면 훌륭한 피리가 된다. 이것을 우리는 버들피리라고 불렀다. 하모니카 하나도 손에 넣기 쉽지 않았던 시절에 버들피리는 아이들에게 크나큰 스트레스 해소 감이었다. 작은 입술을 뾰족이 내밀고 두 눈을 부릅뜨고 얼굴이 시뻘게지도록 안간힘을 쓰던 친구들은 지금 어떤 모습으로 늙어가고 있을지 궁금하다.

이른 봄, 계집애들 놀이 중에 하나로 빼놓을 수 없는 것은 나물캐기다. 그땐 왜 그리도 나물에 욕심이 나던지 바구니에 가득 채우지 않으면 성이 차지 않아 안달을 하며 저녁 늦게까지 밭두렁을 헤매고 다녔다. 그러나 한 번도 내가 캐 온 나물이 상에 오른 적은 없었다. 어머니는 내가 캐온 나물을 미더워하지 않으신 거다.

나물캐기에 이어 여자 아이들이 즐기던 놀이는 빨래하기다. 얼음장 밑으로 시냇물이 녹아 졸졸 흐르기가 무섭게 여자애들은 부리나케 빨랫감을 챙겨서 산으로 간다. 빨래라고 해봤자 수건 몇 개, 양말 두어 켤레가 고작이지만 시린 손을 호호 불어가며 비누로 문지르고 비비고 비틀고 게다가 방망이질까지 했으니 누가 시켰으면 그리 열심히 했을까. 방망이질에도 요령이 있는 법, 적당히 힘을 조절하며 두드려야 하는데 무작정 힘을 쏟아 내리치니 옷이 성할 리가 만무다. 구멍이 뻥뻥 뚫린 빨래를 보신 부모님들은 다시는 빨래하러 가지 말라고 잡도리를 하셨지만 이듬해가 되면 여전히 그 일은 반복되곤 하였다.

3, 4월이 지나고 5월이 되면 온 산하가 아카시아 꽃으로 뒤덮인다. 아카시아 꽃잎은 향기가 진해서 꽃잎을 질겅질겅 씹어 먹기도 하고 꽃잎 속에 들어있는 꿀을 빨아먹기도 하였다. 친구들과 경쟁을 하듯 언제나 조금이라도 높은 곳의 금방 핀 꽃을 따려고 까치발로 무던히 애쓰며 욕심 사납게 긁어모으던 기

억이 새롭다. 가위 바위 보를 해서 이긴 사람이 잎사귀 하나씩을 떼어내는 놀이도 심심할 땐 괜찮은 놀이다. 이 놀이는 아이들뿐만 아니라 어른들도 즐겼고 특히 연인들이 즐기는 놀이이기도 했다.

아카시아 꽃잎이 지고 나면 그 다음엔 산딸기 철이다. 빨갛게 익은 산딸기가 동네 아이들을 유혹하면 조그만 바구니를 하나씩 들고 잘 여문 산딸기를 쫓아 하루 종일 산 속을 헤맸다. 그때 누군가 나에게 벤저민 프랭클린의 아버지가 아들에게 들려줬던 충고 한 마디를 미리 해줬더라면 그리 힘들게 산골짜기를 뛰어다니지 않았을 텐데, "얘야! 딸기를 딸 때에는 이곳저곳으로 옮겨 다니지 말고 한군데 딸기가 다 없어질 때까지 한 곳에서 따야 하느니라." 이것은 저 유명한 미국의 피뢰침을 발명한 벤저민 프랭클린의 아버지가 아들이 딸기를 따러 나설 적마다 들려줬던 얘기이다.

산딸기 철이 지나면 본격적으로 여름이 다가온다. 여름이 되면 산속은 놀거리가 지천이다. 메뚜기 잡기, 까마중 따먹기, 방아깨비 다리 부러뜨리기…. 한 번은 산 속에서 몸통이 파랗고 눈이 툭 튀어나오고 날개가 새처럼 큰 메뚜기를 만났는데 그 놈을 잡으러 풀섶을 헤치며 뛰어다니다가 종아리에 피가 나는 줄도 몰랐다. 그땐 두려움이 뭔지도 몰랐고 오로지 그놈을 잡고야 말겠다는 일념에 허공만 바라보고 뛰어다녔으니 지금 생각하면 아찔하다. 다행히 낭떠러지기에 굴러 떨어지지 않았고, 뱀에게 물리지도 않았으니 삼신할머니에게 돌봐줘서 고맙다고 큰절을 올려야 할 일이다. 하루 종일 동네 꼬마들을 이리저리 몰고 다니던 그놈이 큰 날개를 펴고 먼 골짜기로 '후두둑' 날아가 버렸을 때 그 허탈감이란! 한동안 그놈을 꿈속에서 만났다.

나의 화려한 산 출입과 놀이 행각은 중학교에 입학하면서부터 막을 내렸다. 초등학교 생활과 중학교 생활은 현저히 달랐다. 숙제도 많고 시험 준비도 바쁘고, 그보다 누가 뭐라고 하지 않아도 스스로 밖에 나가 노는 것이 부끄러워졌다. 아동에서 사춘기 소녀가 된 것이다. 자연스러운 변화였다.

중학생이 되고 난 후부터는 조금씩 활동무대가 넓어졌다. 매달 월정고사가 끝나면 학교에서 영화나 오페라를 관람시켜주었다. 중학교 1학년 때 난생처음 종로3가 단성사에서 외국영화를 보았고 명동 시공관(국립극장)에서 '아이다'란 오페라를 관람했다. 생전 처음 접해보는 새로운 문화체험에 얼마나 가슴이 두근거리고 흥분했었는지 지금도 그 극장이 있던 자리를 지나가면 그때 두근거리던 마음이 되살아나 혼자 미소 지을 때가 있다.

그리하여 선머슴 같았던 돈암동 우물 안 개구리는 언제라도 우물 밖 넓은 세상으로 뛰어나갈 수 있는 성숙한 개구리로 서서히 탈바꿈해 갔던 것이다.

미순이 언니

　온 산이 울긋불긋 물드는 가을에 접어들면 산 출입이 뜸해지는 대신 겨울철에만 누릴 수 있는 색다른 즐거움이 기다리고 있었다. 돈암동을 지나 미아리고개를 넘으면 거의가 허허벌판 논밭이었는데 겨울이 되면 물을 채워 스케이트장으로 만들었다. 중학교 2학년 겨울방학 때 처음 스케이트를 사서 언니와 함께 무작정 신고 얼음 위를 지치다가 수없이 넘어져 온몸에 피멍이 든 적이 있는데 아마 지금 그렇게 넘어진다면 중상 내지 사망일 거다.
　겨울철 낭만 중에 하나는 장작불이 타오르는 아궁이 앞에 쪼그리고 앉아 식모언니로부터 귀신이야기며 옛날이야기를 듣는 거다. 이야기를 듣다가 불길이 약해지면 빨리 장작을 넣어야 하는데 이때 잘못하면 불이 꺼지는 수가 있다. 몇 번 하다보면 노하우가 생기는데 요령은 장작끼리 몸이 닿지 않도록 지그재그로 사뿐히 올려놓는 것이다. 밥이 거의 잦아들 무렵이면 사그라지는 잿더미 속에 군밤이며 감자를 넣어 구워 먹는 재미 또한 쏠쏠하다. 넣을 때는 동생 거, 내 거, 몫을 정해서 넣지만 익으면 검게 타서 구분이 어려워진다. 이제와 고백하건대 몇 번이나 동생의 감자를 뺏어먹은 적이 있다.

초등학교 4학년 무렵, 입담 좋은 식모언니가 들어왔다. 미순이라고 불리던 언니는 우리 집에 14살에 와서 25살에 시집갈 때까지 줄곧 함께 살았는데 음식 솜씨하며 사람 사귀는 수완이 좋아서 동네 소식통이기도 했다. 요즘 유행인 양푼 비빔밥은 이미 우리 집에선 60년대 저녁마다 야식으로 먹던 단골 메뉴다. 커다란 양푼에 저녁에 먹다 남은 반찬과 밥을 넣고 고추장과 참기름을 듬뿍 넣은 후 쓱쓱 비비면 입안에서 살살 녹았는데 이것도 미순이 언니가 비벼야지 다른 사람이 비비면 그 맛이 나지 않았다. 똑같은 재료를 넣어도 말이다.

양푼 비빔밥 말고도 미순이 언니가 만들어 주는 음식은 모두 맛있었다. 깻잎으로 만든 장떡, 물오징어 무침, 양미리 조림, 홍어 찜, 그중에서도 여름이 되면 가끔 생각나는 음식이 깻잎과 고추장을 넣고 만든 장떡인데 아무리 똑같은 재료를 넣고 만들어도 그때 맛이 되살아나지 않는다. 다른 형제들도 이구동성으로 모두 그렇다고 말하는 걸 보면 그 언니만의 무슨 노하우가 있거나 어머니가 담은 고추장맛 때문이 아닐까 하는 생각을 해본다.
 '전남 장성군 장성읍 구안부락' 이것은 그 언니의 고향 주소다. 까막눈인 미순이 언니가 고향에 편지를 부칠 때마다 대필을 부탁했기에 자연스레 머릿속에 입력된 것인데 50년이 지난 지금도 기억하고 있다.

복희네 집

   집집마다 그 집을 호칭하는 대명사가 있다. 그런데 이상하게도 우리 집은 그 대명사가 '복희네 집'이었다. 보통은 맏자식 이름을 따서 부르는 경우가 대부분인데 무슨 이유로 셋째 딸인 내 이름을 넣어서 불렀는지 아직도 모르겠다. 특별히 셋째 딸이 칭송을 받을 만큼 효성이 지극했던 것도 아니요, 그렇다고 인물이 제일 예뻤던 것도 아니요, 언니들보다 공부를 잘했던 것도 아닌데 말이다.
   오히려 나는 자랄 때 말이 없고 뚱한 편이어서 곰이라 불린 적도 있었다. 한창 재잘거리고 재롱을 부릴 시기에도 그저 점잖은 아이였을 뿐, 부모를 조르거나 귀찮게 한 적이 없고 말썽을 부린 적도 없는 점잖고 무던한 아이였다. 오죽하면 동네 어른들이 '복희가 말 한마디 하면 풍년 든다'고 했을까.

재잘거리지 않는 아이, 점잖은 아이, 제 할 일은 제가 알아서 하는 아이, 좋게 말하면 제 주장이 강한 아이, 나쁘게 말하면 고집이 센 아이, 이런 것들이 나의 어릴 적 이미지다. 그렇다고 말을 아주 안한 것은 아니다. 가끔씩 툭툭 내뱉기도 했는데 그럴 적마다 주변 사람들이 배를 움켜쥐고 요절복통을 했다. 소위 말해서 유머감각이 있었다고나 할까. 아버지도 내가 이따금 웃기는 소리를 하면 '허허허' 큰소리를 내어 웃으신 적이 많았다. 아마도 보통아이들과는 조금 다르게 자라는 계집애가 우습기도 하고 엉뚱해 보이기도 하여 그런 점이 동네 어른들에게 어필되어 '복희네 집'이라고 불린 것이 아닌가 싶다. 그런 이유 외에는 특별히 '복희네 집'이라고 불릴 이유가 없어 아직도 정확한 이유를 모르겠다.

그러나 나의 전성시대는 남동생이 태어난 이후로 서서히 저물어 갔다. 어느 추운 겨울날 아침 일어나 보니 얼굴이 빨갛고 조그만 아이가 엄마 곁에 누워서 잠을 자고 있었는데 그 아이가 바로 나와 열한 살 차이나는 우리 집 장남이다. 남동생의 탄생은 온 동네 경사요 빅뉴스거리였다. 딸 여섯을 낳으시는 동안 적잖이 설움을 당하셨던 어머니도 아들을 낳은 후론 얼굴에 웃음꽃이 활짝 피었다.

남동생이 무럭무럭 자라면서 차차 우리 집 대명사는 '창원이네 집'으로 바뀌어 갔다. 유명한 작명소에서 비싼 값을 치르고 지어온 내 남동생 이름이 김창원이었기 때문이다. 당연한 변화였지만 어린 마음에 서운한 생각이 들었다. 그래도 완전히 '복희네 집'이 사라진 것이 아니어서 한 동안 '창원이네 집'하고 혼용해서 부르는 사람들이 많았다. 지금은 그 당시에 살았던 어른들이 대부분 돌아가시거나 자식들을 따라서 이사를 하셔서 들어볼 수가 없지만 얼마 전 까지만 해도 친정에 가면 길에서 만나는 어른으로부터 '복희네 집'이라는 정다운 호칭을 들을 수가 있었다.

한때 열한 식구가 북적거렸고 딸부잣집으로 소문났던 돈암동 친정집이 지금은 큰남동생 내외만 남아서 살고 있다. 어디로 보나 '창원이네 집'이다. '복희네 집'은 과거 잠시 추억 속에 머물렀던 집이었을 뿐이다. 복희가 꽃 속에 묻힌 꿀을 빨아먹고 날아갈 나비였다면 창원이는 꽃을 지탱하고 있는 줄기요 뿌리다.

출가외인! 이것을 깨닫는 데 수십 년의 세월이 흘렀다.

여섯 자매

복희네 집하면 우리 동네에서 딸 부잣집으로 유명했다. 딸이 자그마치 여섯인데 중간에 아들이라도 한 명 끼어있으면 오죽이나 좋으련만 민망하게도 딸 여섯이 줄줄이 태어난 것이다. 첫딸을 낳으셨을 때만해도 우리 부모님은 앞으로 의성김씨(義城金氏) 집안에 딸 다섯이 더 나오리라고는 상상도 못하셨을 거다.

맏딸 큰언니의 이름은 복순(福順)이다. 촌스럽고 흔한 이름 같지만 뜯어보면 괜찮은 이름이다. 남편에게 순종하고 복 받아서 행복하게 살라는 뜻이 담겨있는 이름이 아닌가. 이름 때문인지 큰언니는 경제적으로 여유 있는 집으로 시집가서 남편 뜻 거스르지 않고 시부모님 섬기면서 일생을 순탄하게 잘 살아왔다.

둘째 딸 작은언니 이름은 복덕(福德)이다. 이 언니는 어려서부터 이름 때문에 어지간히 놀림을 당했다. 지금은 공인중개소라는 전문용어를 사용하지만 예전엔 부동산을 사고파는 일은 모두 복덕방에서 취급했다. 학교에서나 동네에서나 이 언니만 지나가면 '복덕방'이라고 놀려대는 통에 울기도 하고 부모님께 이름을 바꿔달라고 떼를 쓰기도 하였다. 그럴 때마다 아버지는 빙그레 웃으시며 "복도 많고 덕도 많으라고 지은 이름이다" 하셨는데 이 언니는 돌아가신 부모님께 '이름을 잘 지어주셔서 고맙습니다!' 하고 큰절을 올려야할 사람이다. 남편 잘 만나 평생 돈고생 모르고 살았고, 아들 딸 골고루 낳아 훌륭하게 키워 결혼도 잘 시켰고, 70이 넘은 나이에도 세상 구석구석 안 가본 곳이 없을 정도로 여행도 많이 다녔고, 지금도 남편과 함께 골프를 치며 인생을 즐기며 살고 있으니 6자매 중 가장 복을 잘 타고 난 사람이 아닌가 한다.

　셋째 딸로 태어난 내 얘기는 뒤로 미루고 먼저 넷째 딸 얘기부터 하련다. 넷째 딸 이름은 복녀(福女)다. 동생 복녀도 이름 때문에 불만이 많았다. 김동리 작품 중에 「감자」라는 단편소설이 있지 않은가. 그 소설에 주인공이 복녀인데 너무 가난해서 정절을 팔며 살아가는 여인으로 등장하고 있다. 내 동생이 못 견뎌 한 것은 바로 이 소설에 나오는 복녀 때문이었는데 한창 감수성이 예민한 사춘기에 복녀는 너무 수치스러운 이름이었다. 그러나 넷째 딸도 부모님께 감사해야 할 사람이다. 6자매 중 가장 재복을 크게 타고 태어난 사람이니까. 강남에 수백억

나가는 빌딩을 가지고 있고 그 외에도 많은 재산을 소유하고 있다. 작년 가을에는 이 동생이 스폰서가 되어 여섯 자매가 함께 미국과 캐나다를 다녀왔는데 20일 동안 비행기에 오를 때부터 인천공항에 도착할 때까지 모든 비용을 이 동생이 모두 지불했다. 부자라 역시 손도 크고 마음도 크다.

다섯째 딸 이름은 복남(福南)이다. 딸 다섯을 낳으면 다음엔 제발 남동생 좀 보거라 하는 마음에서 사내아이 이름을 넣어 짓는 게 보통이나 우리 부모님은 의외로 사내 男자 대신 남녘 南자를 넣어서 지으셨다. 이유를 물으니 부산 피난 시절에 남쪽에서 낳은 딸이라서 그렇게 지으셨단다. 이 동생도 누구 못지않게 이름에 불만이 크다. 당시 국어책에 복남이가 주인공으로 나오는 글이 있었고 아이들이 즐겨 부르던 노래 중에 복남이가 들어간 가사가 있어 친구들에게 놀림을 많이 당한 모양이다. 이 동생은 6자매 중에 자식을 가장 잘 키운 훌륭한 어머니다. 딸 둘을 낳아 키웠는데 모두 서울대학교에 보냈고 미국에서 학위를 받아 딸 둘이 모두 박사. 박사 사위까지 봐서 이 집에 가면 흔한 게 박사다.

여섯 자매 중에 가장 이름이 괜찮은 사람이 막내딸 복영(福英)이다. 복 福자에 꽃부리 英자를 넣어 꽤 신경을 쓴 이름이다. 막내 여동생은 자라면서 부모님의 사랑을 듬뿍 받으며 컸다. 그렇게 소원하던 남동생을 보았기 때문이다. 돌아가신 아버지께서 어머니에게 막내딸 시집보낼 때는 꼭 검은 소를 잡아서 잔칫상에 올리라고 하셨다는데 어머니가 그 약속을 지키지 못하셨다. 요즘 세상에 소를 잡아서 잔치하는 집이 어디 있는가. 그만큼 막내딸에 대한 부모님 사랑이 각별했다는 이야기다.

  마지막으로 6자매 중 셋째 딸로 태어난 내 이야기를 좀 해보련다. 내 이름은 복희(福姬)다. 여러 가지 복 중에 그 어느 것 하나 다른 자매보다 나은 게 없으나 딱 한 가지 나은 점이 있다면 직장운을 타고 난 것이다. 부모님이 6자매를 모두 대학까지 공부시켰지만 나를 제외하곤 평생을 전업주부로 살았다. 내가 직장생활을 시작한 70년대만 해도 직장에 나가는 여자를 그리 좋은 눈으로 바라보지 않았다. 오히려 남편이 벌어다 주는 밥 먹으며 가정에서 살림하는 여자를 복 많은 여자로 여겼다. 그러나 지금은 정반대로 역전되어 신붓감으로 못생긴 여자는 용서해도 직장 없는 여자는 용서 못한다는 농담이 오고갈 정도로 여성의 사회진출이 많아지고 중요해졌다.

  살다보니 이런 역전이 일어날 줄 누가 알았으리오. 그래서 사주에 늘 늦복이 많다고 하였나보다. 자식보다 더 효자라고 하는 연금이 매달 꼬박꼬박 통장으로 입금되니 이만하면 복 많은 여자가 아닌가. 나도 부모님께 이름을 잘 지어주셔서 고맙다고 큰절을 올려야 할 사람이다.

  "아버지, 어머니, 감사합니다!"

인자하신 아버지

　전쟁을 겪은 직후라 50년대와 60년대는 너나없이 생활이 어렵고 힘들었던 시절이었다. 농촌에서는 입 하나 덜기 위해 어린 딸자식을 타지로 식모살이 보내는 집이 많았는데 우리 집은 그때가 가장 호황기였다. 폐허가 된 도시를 재건하는데 쓰이는 토건업을 하신 아버지 덕분에 옷 밥 귀한 줄 모르고 자랐다.
　지방 출장을 다녀오실 때마다 그 지방 특산물인 과일을 몇 접씩 사오셨고 때로는 미군부대에서 나오는 과자도 박스째 사들고 오셨다. 얇은 기름종이에 가지런히 쌓여있는 과자가 얼마나 고소하고 맛있었는지 형제들은 다락 속에 넣어둔 과자를 풀방구리에 생쥐 드나들 듯 들락거리며 꺼내먹었다. 다 없어지면 어느새 아버지가 채워 놓으셨으니 참으로 고마우신 아버지다. 그러나 우리 집엔 큰 걱정거리가 있었다. 그때만 해도 남아 선호사상이 강한 시대였는지라 여섯 번째 딸을 낳으신 어머니는 미역국을 윗목에 밀어놓고 하루 종일 울기만 하여 주변사람을 애타게 하셨다. 다행히 뒤늦게 삼신할머니의 돌봄이신지 장남과 차남이 차례로 태어나 우리 집 근심걱정은 일거에 날아가고 날마다 웃음꽃이 피어나는 스위트 홈이 되었다. 아버지보다 엄마가 더 기뻐하셨다.

  딸들이 커서 중학교, 고등학교, 대학교에 진학하자 아버지는 딸들과 함께 대화하는 시간을 좋아하셨다. 학교에서 있었던 일, 친구와 있었던 일, 집안에서 일어난 일을 저마다 한마디씩 늘어놔도 한두 시간은 금방 지나갔다. 아버지는 뭐가 그리 흐뭇하신지 딸들의 얘기를 들으며 연신 코를 벌름거리셨고 때로는 큰소리로 너털웃음도 웃으셨다. 지금 생각하니 딸들이 커가는 모습이 대견스러웠던 거다.

  베이스 캠프 시절에서 빼놓을 수 없는 추억거리는 저녁마다 하루도 거르지 않고 간식거리를 사러 돈암동 종점으로 나가던 일이다. 네온사인이 휘황찬란한 돈암동 종점엔 없는 게 없었다. 품목도 다양하게 어떤 날은 과일, 어떤 날은 빵, 어떤 날은 오징어와 땅콩, 그때그때 나오는 계절음식을 바꿔가며 먹었다.

  아버지의 자상함은 시집간 딸이 출산하여 병원에 입원해 있을 때 더욱 확연히 드러났다. 입원해서 퇴원할 때까지 하루도 거르지 않고 아침저녁으로 병원에 들러서 딸과 새로 태어난 손주 얼굴을 보고 가셨고 저녁에는 간식거리를 사들고 오셨다. 그런데 이런 자상한 아버지가 넷째 딸까지 시집보낸 후 갑자기 고혈압으로 쓰러져 이틀 만에 돌아가셨다. 그때 아버지의 연세는 58세였다. 아버지가 돌아가신 지 어언 40년이란 세월이 흘렀지만 나이가 들수록 문득문득 친정아버지가 보고 싶고 생각난다.

 딸자식 시집보낼 때마다 안방에서 레코드를 크게 틀어놓고 우셨던 분, 동네에선 법 없이도 사실 양반이라고 소문나셨던 분, 누구를 만나든 식당에서 밥을 드실 때 꼭 중간에 일어나서 계산부터 하시고 다시 돌아와 식사를 끝내시던 분, 생전에 누구에게 해코지 한 번 한 적 없는 분이시니 틀림없이 천당에 가셨을 거다. 이 세상 소풍 끝내는 날 아버지를 만나면 꼭 드릴 말이 있다. '그동안 아버지가 너무 보고 싶었노라'고…

엄격하신 어머니

　엄부자모(嚴父慈母)라고 했던가? 그러나 우리 집은 정반대다. 아버지가 자상하셨고 어머니가 엄격하신 편이었다. 딸들이 많아 각별히 몸가짐이 염려가 되어 그러셨는지 몰라도 어머니는 항상 앉는 자세며 걷는 자세며 말하는 자세에 대해 잔소리를 하셨다. 식탁에서 밥을 먹을 때도 입 벌리지 말고 씹어라, 입 속에 음식을 넣고 말하지 마라, 소리 내지 말고 씹어라, 똑바로 앉아서 먹어라 끊임없이 잔소리를 하셨다. 그때는 어머니의 잔소리가 듣기 싫었는데 결혼해서 자식을 낳아 길러보니 그것은 모두 자녀교육에 필요한 말씀이셨다.
　부덕(婦德)에 대해서도 유난히 강조하셨고 직접 모범을 보이셨다. 빨래를 할 때는 항상 아버지 옷을 깨끗한 물에서 먼저 빨았고 그 다음에 식구들의 옷을 빨았다. 아버지가 깔고 주무시는 이불은 비어있을 때도 넘어 다니거나 밟지 못하게 하셨으며 아버지가 귀가하기 전에는 자리에 누워 잠들지 못하게 하셨다. 다른 것은 어느 정도 지키고 따를 수 있었는데 아버지가 들어오시기 전에 눕지 말라는 규정은 한창 잠이 많은 시기에 참으로 지키기가 괴로웠다.

3년 전, 저물어가던 우리 베이스캠프에 드디어 올 것이 오고 말았다. 무릎 때문에 보행이 불편하고 눈, 귀가 어두운 것 외에는 큰 병이 없어서 자식들은 모두 어머니가 100수를 누리실 줄 알았는데 향년 91세로 갑자기 생을 마감하신 것이다. 빈소를 찾아온 조문객들마다 호상(好喪)이라며 위로 아닌 위로를 하고 가지만 막상 부모를 떠나보낸 자식에게 호상이란 당치 않은 말이다. 부모가 몇 살에 돌아가셨건 나이에 상관없이 자식은 슬프다. 생시에 좀 더 자주 찾아 뵐 걸, 자주 찾아뵙고 말동무를 해드릴 걸, 맛있는 음식을 자주 해 드릴 걸, 좋은 구경을 좀 더 시켜드릴 걸, 입맛이 없다고 하실 때 얼른 병원에 모시고 갈 걸, 온갖 후회가 가슴을 파고든다.

입관식을 하면서 어머니의 얼굴을 마지막으로 보았다. 평온하신 모습이다. 40년간 그리워하던 아버지를 만나신 모양이다. 아님, 먼 여행길에라도 오르셨나 보다.

'어머니 안녕히 가세요! 그동안 고마웠습니다! 8남매 일동'

19번 버스

　삼팔선을 넘어 월남한 우리 부모님은 왜 하필 하고많은 동네 중에 한 많은 미아리고개 밑에 터전을 잡으셨는지 모르겠다. 우리 집에서 학교까지 가려면 꼭 19번 버스를 타거나 전차를 타고 원남동에서 내려 학교까지 걸어가는 방법 외엔 달리 뾰족한 방법이 없었는데 19번 버스를 타는 일은 인간이기를 포기해야 하는 일이었다. 왜냐하면 19번 버스는 서울시내에서도 알아주는 악명 높은 만원버스였기 때문이다.
　탈 때부터 몸이 잽싸야 탈 수 있다. 처음엔 질서 있게 줄을 서 있어도 정류장에 버스가 어디쯤에 정차하느냐에 따라 삽시간에 줄은 흩어져 버리고 이리 뛰고 저리 뛰고 아수라장으로 변한다. 남학생이 여학생을 밀치는 일은 보통이고 여학생도 버스를 타기 위해 결사적으로 문짝에 매달렸다. 그 차를 타느냐

못 타느냐에 따라 그날 지각이냐 아니냐가 결정되기 때문이다. 얌전빼고 버스가 자기 앞에 와서 멎기를 기다리면 매일 지각을 했을 거다.

그땐 머리 위에 조그만 모자를 삐딱하게 눌러쓴 여자 차장이 있었는데 차비를 받는 일 외에 푸시맨 역할까지 겸하고 있었다. 문짝을 붙잡고 대롱대롱 매달리는 학생들을 밖에서 밀어 넣으며 '오라이~!' 소리를 멋들어지게 뽑으면 운전기사는 S자로 커브를 틀어서 버스를 크게 요동시킨다. 그러면 사람들은 자기 의사와는 상관없이 버스 안쪽으로 우르르 밀려들어가게 되고 빽빽하던 입구가 헐렁해지는데 그런 다음에는 또다시 다음 정류장에서 많은 사람을 태운다. 그건 정말 예술이었다.

학생들이 너무 많이 문짝에 매달려 밀어 넣을 수 없을 때는 차장 언니가 집권으로 무섭게 끌어내린다. 힘센 남학생들은 끝까지 버티니까 언제나 힘이 약한 여학생이 대상이 되었다. 상상해 보라, 사람들이 보고 있는 앞에서 차장에게 끌려 내린 여학생이 얼마나 창피할지를…. 누구나 한 번쯤은 이런 경험이 있지 않은가. 버스를 타려고 뛰어갔는데 버스가 코앞에서 떠나면 속상하기도 하지만 그보다는 정류장에 서 있는 사람들의 쏟아지는 시선을 외면하고 다음 차가 올 때까지 머쓱한 표정을 짓고 서 있기가 더 어려웠던 일을, 한마디로 쪽팔리는 일이다.

어렵사리 버스에 올라도 그 다음부터가 문제다. 발은 공중에

떠 있고 몸은 의지와 상관없이 남학생의 가슴에 안길 때도 있고, 낯선 아저씨와 엉덩이를 맞대고 서 있을 때도 있는가 하면 때로는 손잡이를 잡은 팔뚝 사이에 머리가 끼어 빼지도 박지도 못하는 난처한 지경에 놓일 때도 있다. 제일 속상한 것은 모자가 벗겨지는 일이다. 운동화는 또 어떻고, 아무리 눈부시게 빨았어도 이리저리 몇 번 밟히고 나면 회색 신발로 변해 버린다. 그런 사정을 알 턱없는 생활지도부 언니들은 "얘! 운동화 좀 깨끗이 빨아 신어! 교복은 왜 그렇게 구깃구깃하니?" 교문에서 이런 소리를 들은 날은 하루 종일 기분이 잡쳐서 되는 일이 없었다.

범생이 여고생

    그때 난 주변머리라고는 눈곱만큼도 없고 융통성이라고는 약에 쓰려 해도 찾아 볼 수 없는 범생이 여고생이었다. 길을 걸을 때는 항상 허리를 곧추 세우고 옆도 뒤도 돌아보지 않고 오직 앞만 보고 걷는 한 마디로 막대기과에 속하는 맹추였다.
    막대기과 여학생에게는 남학생도 치근거리지 않는 법이다. 그런데 가끔은 취향이 색다른 인간도 있는가 보다. 고 3 가을이었다. 일요일이었는데 수학 특강이 있어서 학원엘 갔다가 집에 돌아와 막 옷을 갈아입으려는 찰나, 창문을 두드리는 노크 소리가 들렸다. 그때까지도 아무 낌새를 느끼지 못한 이 막대기 여학생이 창문을 연 순간 가슴이 철렁 내려앉았다. 그도 그럴 것이 창밑에 웬 떠꺼머리총각 두 명이 옆구리에 가방을 비스듬히 끼고 서 있는 것이 아닌가. 도대체 이 떠꺼머리총각들이 어디서부터 내 뒤를 미행했을까, 용건인즉, 얘기 좀 하자는 거다. 그러나 내가 누군가, 말이 끝나기 무섭게 매섭게 쏘아붙였다.

"학생이 공부는 하지 않고 여학생 꽁무니만 따라다니면 돼요? 그래서 대학에 붙겠어요?"

지금도 그때 그 남학생이 머쓱해하고 난처해하던 표정이 눈에 선하다. 연애 좀 걸어보려다가 완전히 임자 만난 셈이다. 40대 아줌마들이나 하는 소리로 훈계를 해댔으니 얼마나 황당했을까.

고2 때였다. 교칙 한 번 어긴 적 없고, 선생님 말씀을 하느님 말씀처럼 여기고 순종하고, 가지 말라고 하는 곳은 근처에도 얼씬거리지 않고, 3년 내내 애교머리 한 번 내려 보지 못한 주변머리 없는 모범생에게 평생 잊지 못할 사건이 일어났다. 한창 수업을 받고 있는데 무섭기로 소문난 학생주임 선생님이 오시더니 "김복희 복도로 나와!" 하는 것이 아닌가. 이게 무슨 날벼락인가. 내가 무슨 잘못을 했기에 수업 시간 도중에 학생주임에게 끌려 나간단 말인가. 벌렁거리는 가슴을 누르고 복도로 나갔더니 할 이야기가 있으니 따라오라고 하신다.

뚜벅뚜벅 앞장서서 걸어가시는 학생주임 선생님 뒤를 따라가며 별의별 생각을 다했다. 그러나 아무리 생각해도 학생주임 선생님에게 걸릴 일을 한 적이 없다. 교칙을 위반한 적도 없으며 금지구역에 간 일은 더더욱 없다. 한참을 걸어가시던 학생주임 선생님이 체육관에 다다르자 느닷없이 "너 며칠 전 ○○극장에 갔었지?" 하는 것이 아닌가. 극장은커녕 사복차림으로는 동네 밖에도 나가지 못하는 범생이가 어떻게 극장을 간다는 말인가. 너무 억울했다. 눈물까지 뚝뚝 흘리며 절대 그런 일이 없었노라고 말씀 드리자 내 눈을 뚫어지게 바라보시던 학생주임께서 알았으니 교실로 들어가라고 하시며 더 이상 추궁하지 않으셨다. 학생주임 선생님이 보시기에도 내가 거짓말이나 둘러대고 그런 곳에나 드나드는 아이가 아니란 걸 아셨나 보다.

누군가 극장에 갔다가 단속에 걸리자 내 이름을 대고 도망을 친 것이다. 그때도 몰래 남학생들 만나서 빵집에 가고 극장에 드나들던 애들이 있었다. 그때 내 이름을 대고 위기를 모면했던 아이가 누구일까. 친구를 구렁텅이로 빠뜨리고 달아난 그 아이는 지금 잘 살고 있을까. 환갑을 넘어 이순을 바라보는 나이에도 그때 생각을 하면 기분이 씁쓸하다.

창경궁 돌담길

 지옥과 같은 19번 버스를 타지 않고 학교에 가려면 전차를 타야 하는데 문제는 시간이 두 배로 걸린다는 거다. 아침잠이 많은 나에게 그 선택도 그리 쉬운 일이 아니었다. 그래도 추운 겨울보다 새싹이 파릇파릇 돋아 오르는 봄부터 낙엽이 발밑에서 부서지는 가을까지는 전차를 타고 다닐 만했다. 혜화동로터리를 지나고 창경궁을 지나 원남동 정류장이 가까워지면 책가방을 옆구리에 낀 남학생들과 새침데기 여학생들이 내릴 차비로 입구가 부산해진다. '땡땡땡!' 정거장을 알리는 경쾌한 신호음이 울려 퍼지면 남녀학생들이 우르르 전차에서 쏟아져 나오고 그때부터 창경궁 돌담길에서 창덕궁 돌담길까지 임시 통학로의 긴 행렬이 이어진다.
 가을엔 플라타너스 낙엽을 밟으며 걷는 맛이 일품이었다. 걸어가는 뒷모습만 봐도 그가 어느 학교 학생인지 다 안다. 경기고등학교 학생인지, 중앙고등학교 학생인지, 휘문고등학교 학생인지, 지금도 생각하면 설레는 교표, 그 교표는 다름 아닌 마름모꼴의 경기고등학교 교표였다. 마름모꼴이 주는 그 당당함, 아무리 못생기고 작달막해도 마름모꼴 교표만 가슴에 달고 있으면 달라보였고 멋져보였다.

  그 시절, 교복과 교표는 학교의 상징이었으며 프라이드이기도 했다. 학교마다 개성 있는 교복으로 학교의 프라이드를 지키려고 노력했고 학생들은 빳빳이 세운 교복 칼라만큼이나 자존심을 잃지 않으려고 노력 했다. 교칙에 어긋나는 행동은 곧 학교 권위를 실추시키는 행동이었고 나아가 집안 망신을 시키는 지름길이기도 했다. 주변에서 쏟아지는 눈총과 손가락질은 헌법보다도 더 무서웠던 시절이 내가 고등학교를 다니던 60년대의 모습이었다. 요즘 젊은이들에게 이런 얘기를 들려주면 무슨 귀신 씻나락 까먹는 소리일까 하고 비웃을지 모르지만, 나이 든 사람은 다 안다.

  모두들 겉으로는 발밑에 서걱거리는 플라타너스 낙엽을 밟고 있었지만 속으로는 열심히 이성의 뒷모습을 쫓아 걸었다. 안 보는 척하며 남학생은 여학생을, 여학생은 남학생을 훔쳐보며 걸었다. 몇 번 본 듯한 뒷모습이 보이면 슬며시 궁금증이 일기도 했다. 저 남자는 몇 학년일까, 내일도 만날 수 있을까, 공

창경궁 돌담길

연히 가슴까지 벌렁거렸다. 매일 보던 뒷모습이 안보여도 궁금증이 일었다. 오늘은 왜 안 보일까 하여….

 나이 드니 문득문득 그 시절이 그리워진다. 돌아갈 수만 있다면 꼭 다시 한 번 교복차림으로 낙엽 쌓인 플라타너스 거리를 걸어보고 싶다.

5.
비 오는 날의 단상

오 해

빨리 가야한다. 늦어도 12시까지는 도착해야한다. 건널목에 황색 신호등이 반짝 켜졌지만 브레이크 대신 액셀러레이터를 힘껏 밟는다. '하느님! 오늘 하루만 특별히 용서해주세요'
이렇게 위험을 무릅쓰고 달려갔지만 병실 문을 여니 남편 얼굴이 보이지 않는다. 텅 빈 침대를 내려다보며 망연자실 서 있는데 옆자리의 환자가 상황을 말해준다.
"수술실로 빨리 내려가 보세요. 남편분이 여태 아주머니를 목이 빠지게 기다리셨어요."
엊저녁 담당 의사를 만났을 때는 분명 수술이 오후로 잡혔다고 했는데 서둘러 환자를 수술실로 데려간 이유가 뭘까? 보호자도 없이 처량하게 수술실로 실려 갔을 남편을 생각하니 가슴이 짠하다. 이럴 줄 알았으면 하루 연가를 낼 걸, 무슨 모범교

사라고 남편이 생사를 거는 수술을 받는 날 출근을 했는지, 만약 수술이 잘못될 경우, 만에 하나 수술이 잘못 되어 영영 눈을 못 뜨고 저 세상으로 갈 경우, 남편과 말 한마디 못하고 이별하는 것이 아닌가. 후회와 자책으로 발걸음이 휘청거린다.

수술실은 육중한 철문으로 닫혀있다. 그 육중한 철문은 마치 생과 사의 갈림길이라도 되는 양 굳게 닫혀있다. 그 비정한 철문 밖에서 내가 할 수 있는 일은 오로지 수술이 성공하기만을 빌며 문밖에서 기다리는 일이다. 다른 환자들의 보호자들도 똑같은 심정일 것이다.

생각하면 불과 며칠 사이에 엄청난 일이 일어났다. 육십 평생 감기 한 번 안 걸리고 병원 신세 한 번 안 졌던 남편이, 어느 날 갑자기 위암 진단을 받고 급기야는 위의 3분의 2를 잘라내는 위 절제 수술을 받게 된 것이다.

마음이 초조하면 기다리는 시간도 긴 법, 겨우 반시간이 지났는데도 몇 시간이 흐른 것처럼 지루하다. 도대체 저 철문은 언제 열리는가, 달그락 소리만 나도 모든 사람들의 시선이 한꺼번에 철문으로 쏠린다. 뒤늦게 시집식구들도 하나 둘씩 나타났다. 큰시누이, 작은시누이, 시동생 내외까지, 그들도 나처럼 늦게 온 걸 후회하는 눈치다. 평소엔 말이 많던 사람들인데 오늘은 조용하다. 왜 아니 슬프랴! 핏줄을 나눈 형제인데 오히려 마누라인 나보다도 큰시누님의 한숨소리가 더 크다.

침묵 속에서도 시간은 흘러 오후 3시쯤 되었을까, 생전 열릴 것 같지 않던 철문이 활짝 열리면서 수술을 마친 환자들이 실려 나오기 시작했다 한 명, 두 명, 환자가 실려 나올 때마다 기다리던 가족들이 침대머리로 우르르 달려가 '여보!', '아버지!'를 부르며 야단법석을 떤다. 영화 속 장면 같다. 그렇게 철문이 열렸다 닫히기를 서너 번, 이제 웬만큼 나올 사람은 다 나왔나 보다. 남은 가족은 우리를 포함해 한두 가족밖에 남지 않았다. 그런데 왜 남편은 아직까지 나오지 못할까. 혹시 수술이 잘못된 것은 아닐까, 방정맞은 마음이 들어 가슴이 철렁 내려앉는다.

초조함이 절정에 이를 무렵, 아까부터 고개를 푹 숙이고 벽에 기대어 발끝만 내려다보고 있던 한 여인이 수술실에서 나오는 간호사를 붙잡고 "○○○씨는 언제 나오시나요?" 하는 것이 아닌가. 처음엔 내 귀를 의심했다. 그러나 그녀는 너무나 또렷이 내 남편의 이름을 말하지 않던가. 이런 절박한 상황에서 내 남편을 기다리는 여인이 조강지처인 나 말고 또 누가 있단 말인가. 청바지 차림에 40대 초반쯤 되어 보이는 저 여인이 도대체 누구란 말인가.

남편은 평소에 돈 씀씀이가 헤픈 편이고 밤늦게 귀가하는 날이 많았다. 그렇다면 저 여인은 남편의 숨겨둔 여인? 생각이 여기까지 미치자 얼굴이 화끈거리고 가슴이 두근거린다. '감히 여기가 어디라고 당돌하게 나타나서 남의 남편 이름을 들먹거려? 어디 두고 보자' 이를 악물고 치밀어 오르는 분노를 누르려 하지만 시간이 지날수록 머리 꼭대기까지 화가 치밀고 분노가 끓어올라 견딜 수가 없다.

방금 저 여인이 말한 남편 이름을 시집 식구들도 들었을까? 내 귀에 분명히 들렸으니 그들 귀에도 들렸겠지. 그런데 왜 그들은 시치미를 떼고 있을까? 그녀가 누군지 궁금하지도 않단 말인가. 그렇다면 혹시 시집식구들은 이미 저 여인의 존재를 알고 있는 게 아닐까? '틀림없어! 그러니까 저렇게 초연하지, 여태껏 나만 감쪽같이 속고 살았던 거야.' 속시원하게 시집식구들에게 물어보고 싶었지만 평소와는 다르게 눈을 내리깔고 얌전하게 앉아있는 시누이 모습이 뭔가 속이고 있는 게 분명해 보였다. '흥! 모두 한 통속이군!' 괘씸하고 자존심이 상한다. 앞으로 어떤 상황이 닥치더라도 결코 당황해 하거나 이성을 잃는 행동을 하지 않으리라. 두 주먹을 불끈 쥐고 태연을 가장하느라 애쓰지만 그럴수록 머리는 더욱 쑤시고 아프다.

악몽 같은 시간이 두세 시간 더 흐른 후, 남편은 백짓장처럼 하얀 얼굴로 실려 나왔다. 모두 침대 쪽으로 달려갔다. 시누이는 동생의 손을 부여잡고 "나 알겠니?" 하며 소리쳤고 그녀도 태연스레 내가 보는 앞에서 남편의 손과 발을 만져보고 흘러내린 담요를 가슴 위로 덮어준다. 이가 부드득 갈렸다. 마음 같아선 당장이라도 달려들어 '야! 너 누구야!' 하고 쥐어뜯고 싶었지만 상황이 상황인지라 꾹 참았다. 아무리 여자의 질투심이 원초적 본능에서 나오는 것이라 해도 지금은 아니지 않는가. 남편은 지금 생사의 기로에 서 있는 중환자다.

이글거리는 분노와 참아야지 하는 이성 사이에서 갈팡질팡 하다 보니 머리는 쪼개질 듯 아파오고 얼굴은 오뉴월에 화덕을 뒤집어 쓴 것처럼 화끈거린다. 나의 이런 심정을 아는지 모르는지 병실로 돌아 온 남편은 조용히 눈을 감고 있다. 남편의 얼굴을 내려다보니 무어라 형언할 수 없는 감정이 북받쳐 오른다. 두 아이를 낳아 기르며 30년 동안 생사고락을 같이 한 남편이 조강지처 몰래 숨겨둔 여인을 두었다면 그것은 절대로 용서할 수 없는 일이다.

대담하게도 그 여자는 병실까지 따라와 남편 침대 머리맡을 지키고 앉아있다. 여간 뻔뻔한 여자가 아니다. 이제 더 이상 참으면 내 머리가 돌 것 같다. 그러나 좀처럼 둘 만의 기회가 오지 않는다. 그때였다. 시누이가 화장실을 다녀오겠다고 나가는 것이 아닌가. 나는 재빨리 그녀 옆으로 다가갔다. 그리고 최대한 침착하고 교양 있는 목소리로 "실례지만 여기에 어떻게 오셨어요?" 순간, 그 여자는 내 얼굴을 빤히 쳐다보며 퉁명스럽게 "간병인인데요."

아뿔싸! 그러고 보니 어제 저녁에 간병인을 구해달라고 간호실에 부탁했던 일이 생각난다. 나날이 심해가는 건망증! 나는 오늘 이 건망증 때문에 엄청난 실수를 저지를 뻔했다. 남편은 물론 시집식구들까지 싸잡아서 의심을 한데다가 하마터면 그녀의 머리채까지 쥐어뜯을 뻔했다. 생각할수록 내 자신이 부끄러워 얼굴을 들 수가 없다. 얼마나 참길 잘하였는가. 그래서 옛말에 참을 인(忍) 자 세 번이면 살인도 면한다고 했나 보다.

　나는 오늘 이 모든 일을 가슴 속에 묻어둘 작정이다. 먼 훗날 남편이 침상을 훌훌 털고 일어나면 그때 들려 줄 것이다. 지금은 남편이 웃을 수도 없으니까.

오도꼬와 마쯔, 온나와 후지

　부산 동래에 가면 천년고찰 범어사(梵魚寺)가 있다. 신라 문무왕 18년(서기 678), 당에서 돌아온 의상대사가 창건하였다고 전하는 이 절은 아름다운 금정산(金井山) 자락 중턱에 자리하고 있다. 그러나 내가 지금 하려고 하는 이야기는 범어사도 금정산도 아닌 금정산 자락에 자생하고 있는 등나무에 관한 얘기다.
　3년 전, 가만히 앉아있어도 땀이 줄줄 흘러내리는 8월 초순, 부산으로 바캉스 여행을 떠났다가 우연히 범어사에 들렀다. 매표소 앞을 지나 일주문으로 막 걸음을 옮기려는 찰나, 조그만 안내판 하나가 눈에 들어왔다. 자석에 끌리듯 안내판 앞으로 다가가 보니 놀랍게도 안내판에는 이곳에 6천여 그루의 등나무가 군락을 이루며 자생하고 있다는 내용이었다. 정말 이런 산속에 등나무 군락지가 있을까. 무슨 보물이라도 발견한 양 두근거리는 가슴을 안고 탐방로를 따라 걸어 들어가니 수령이 제법 오래 되어 보이는 느티나무와 소나무가 드문드문 눈에 띄고 놀라운 것은 활엽수 중에서 가장 극상림을 이룬다는 서어나무가 남성미 넘치는 근육질 수피를 자랑하며 서 있다. 그런데 내가 찾는 등나무는 보이지 않았다.

주인공 등나무를 찾아 산 속으로 조금 더 들어갔을 때 갑자기 눈앞에 새로운 풍광이 펼쳐지며 비경이 나타났다. 눈에 보이는 건 온통 등나무들이다. 커다란 소나무를 타고 하늘 높이 올라간 등나무들이 다시 곤두박질치듯 땅을 향해 치렁치렁 꽈배기 모양을 만들며 비틀려서 내려오는 모습은 장관 중에 장관이다. 누군가 하늘에서 장난을 치고 싶어 실타래를 마구마구 풀어헤친 것 같기도 하고 구렁이가 등나무로 현신한 것 같기도 하다. 만약 이곳에 타잔이 나타난다면 당장이라도 치렁치렁 늘어진 등나무 줄기를 타고 숲속을 누비고 다닐 것 같다. 그뿐만이 아니다. 어떤 것은 승천하는 용처럼 굵고 울퉁불퉁한 것도 있고, 어떤 것은 괴기스런 모습으로 땅위를 구불구불 기어가는 것도 있고, 이제 막 세상에 나온 어린 새순은 곤충 더듬이처럼 의지할 곳을 찾아 이리저리 기웃거리고 있었다.

등나무는 홀로 살 수 없는 숙명을 타고났나 보다. 어떤 나무든지 모두 곁에 있는 나무를 칭칭 감으면서 올라가니 말이다. 그런데 반대로 등나무에게 온몸을 휘감겨 평생 살아야 하는 나무는 얼마나 괴로울까. 한 쪽은 기대야 살고 다른 한 쪽은 떨쳐내야 살고, 겉으로는 아무 일 없는 것처럼 보여도 지금 이 순간에도 숲속에서 치열한 생존경쟁이 벌어지고 있는 것이다. 그러고 보면 세상 밖이나 산속이나 살아가는 고뇌는 똑같다는 생각이 든다.

생각에 잠겨 어두컴컴한 산길을 혼자 걷다보니 갑자기 으스스한 기분이 든다. 사방이 온통 배배 꼬인 등나무다보니 불현듯 구렁이가 연상되었기 때문이다. 이곳은 여름철보다 등꽃 필 때가 장관이란다. 오죽했으면 옛사람들이 보랏빛 등꽃이 구름을 이루는 계곡이라 하여 등운곡(藤雲谷)이라 불렀을까. 그 후 2년이 흘렀지만 나는 아직 등꽃을 보지 못했다. 어떤 해는 너무 일러서 못보고 어떤 해는 너무 늦어서 못보고…

6월 초, 다시 등꽃을 보러 범어사에 갔을 때였다. 야속하게도 등꽃은 이미 지고 난 후였고 시든 꽃잎만 드문드문 남아있어 꽃이 피었다 진 흔적을 말해주고 있었다. 허전한 마음으로 발걸음을 옮기는데 탐방로 입구에 노신사 한 분이 단아한 자태로 벤치에 앉아 책을 읽고 계셨다. 언뜻 보아도 지성인의 면모가 물씬 풍기는 분인데 아니나 다를까 그분의 손엔 누렇게 낡은 작은 책자가 들려져 있었다. 그분은 목하 그곳에서 독서삼매경에 빠져 있었던 거다. 순간 나는 이분과 의논하면 내가 목말라 하는 난제를 풀 수 있을 거란 생각이 들었다. 그분도 내

존재를 의식했는지 잠깐 나를 쳐다보았다. 나는 그 순간을 놓치지 않고 재빨리 다가가 이곳의 등꽃을 보려면 어느 시기에 와야 하냐고 물었다. 그분은 물끄러미 나를 바라보시더니 메일 주소를 알려주면 내년에 등꽃 필 때 연락을 해주겠노라고 하시며 곁에 앉기를 권하셨다.

등꽃에 이끌려 3년 째 이곳을 찾는 사연을 비롯하여 이 얘기 저 얘기를 나누다 보니 그분은 짐작한 대로 매우 훌륭한 지식인이며 지성인이었다. 동서고금의 책을 모두 섭렵하시고 노령인 지금도 손에서 책을 놓지 않고 사시는 분이다. 오랜만에 취향이 같고 대화가 통하는 좋은 친구를 만난 것 같아 가슴이 살짝 두근거린다.

등나무 군락지엔 등나무 외에도 서어나무, 때죽나무, 소나무가 유난히 눈에 많이 띈다. 기이한 것은 덩치 큰 소나무들이 시들거나 가지가 떨어져 나갔거나 나무 전체가 말라죽어있는 광경이다. 물론 그 소나무들은 하나같이 등나무에 휘감겨 있었고 어떤 등나무는 말라 죽은 소나무를 타고 독야청청 푸르게 자라 하늘 높이 올라간 것도 있다. 그분도 그 광경을 보았는지 일본 속담 한마디를 들려주며 일본사람들은 소나무를 남자에 비유하고 등나무를 여자에 비유한다고 하며 일본어로는 '오도꼬와 마쯔, 온나와 후지'라고 하는데 이 말의 의미를 아느냐고 물었다. 물론 난생처음 듣는 말이기도 하려니와 일본어로 물으니 더더욱 캄캄하다. 속담의 내용인즉, 인생을 시작하는 초반기엔 대부분 여자가 남자에 의지해 살지만 세월이 흐를수록 남자들은 기운이 빠지고 반대로 여자들이 억세지는 것처럼 등나무도 처음엔 소나무를 의지하고 자라다가 세월이 흐를수록 점점 굵어지고 강해져서 소나무를 압박하기 시작한다는 것이다. 더 세월이 흘러 노년이 되면 대부분의 남자들이 먼저 세상을 떠나고 여자들이 홀로 남아 꿋꿋하게 살아가는 것처럼 등나무도 세월이 갈수록 몸통이 굵어지고 조이는 힘이 강해져서 끝내는 소나무가 견디지 못하고 죽게 되는데 그 후에도 등나무는 스스로의 힘으로 꼿꼿이 자라 더욱 푸르게 살아간다는 것이다. 듣고 보니 어쩌면 이리도 등나무와 소나무의 관계가 인간세상의 남녀관계와 닮았을까, 신기한 생각이 든다. 그런데 왜 우리는 소나무와 등나무를 숱하게 보면서도 이런 생각을 하지 못했을까. 이런 사고는 자연을 그저 피상적으로만 보고 지나치면 얻을 수 없다. 자연에 대한 깊은 애정과 통찰력이 없이는 도달할 수 없는 철학적 사고이다. 앞으론 좀 더 애정을 가지고 자연을 바라보아야겠다.

  오늘은 참으로 일진이 좋은 날이다. 비록 활짝 핀 등꽃은 보지 못했지만 인품이 환한 어른을 만났고 그분으로부터 들은 얘기가 앞으로 세상을 살아가는데 도움이 되고 사고력을 넓히는 계기가 될 것이다. 아울러 눈이 침침하다는 이유로 게을리 했던 독서도 열심히 하리라 다짐한다. 역시 인생을 살아가는데 필요한 지혜는 독서에서 나온다는 것을 오늘 그분을 만나 체험하였으므로.

 그분과 나는 등꽃 필 때 다시 만나자는 약속을 하고 헤어졌다. 간혹 그분이 생각날 때마다 '오도꼬와 마쯔, 온나와 후지'를 떠올리며 혼자 미소 짓는다.

비 오는 날의 단상

 요즘은 일기예보가 아리송하다.
 기상청이 비 예보를 확률 수치로 바꾼 후론 통 감을 잡을 수가 없다. 비 올 확률이 50%라고 하면 비가 온다는 건지, 오지 않는다는 건지, 난감할 때가 많다. 예전엔 통보관이 나와서 기상변화에 대해 상세히 설명도 해주고 온다, 안 온다, 확실하게 말해줬기 때문에 예보가 빗나가서 낭패를 보는 경우엔 그 화풀이가 모두 기상청으로 쏟아져 항의 전화가 빗발쳤다. 그러나 이젠 항의할 곳도 없다. 누가 언제 비가 온다고 했나, 비 올 확률이 50%라고 했지 하면 그뿐이니까.
 하여간 예보가 맞네, 틀리네 하며 아옹다옹 다투던 옛날이 그리운 요즘, 장마도 옛날 같지가 않다. 이미 기상청에서는 올 장마가 시작되었다고 발표하였지만 질금질금 뿌릴 뿐, 장마다

운 비가 내리질 않는다. 예전엔 장마가 시작됐다 하면 적게는 한 달, 많게는 두 달 이상 줄기차게 쏟아져 집집마다 지붕이 새고, 한강 물이 넘치고, 돼지가 둥둥 떠내려 오고 야단법석을 떨었다. 게다가 가옥구조는 또 얼마나 엉성했던가. 벽이라 해봐야 수수깡 위에 진흙 빚어 바른 게 고작이고 지붕이라 해봐야 슬레이트나 짚을 얹은 게 고작이었으니 비만 내리면 줄줄 새고 집안에 습기가 차고 벌레들이 들끓을 수밖에 없었다. 평소에는 제 구덕 안에 얌전히 박혀 있던 벌레들도 비만 오면 왜 그렇게 꾸역꾸역 밖으로 기어 나오는지, 게다가 화장실은 어떠하고, 요즘처럼 수세식 화장실은 잡지책에서나 볼 수 있는 그림의 떡이고, 거의가 재래식 화장실이었으니 구더기들이 스멀스멀 기어 나오고, 구린내가 온 동네로 퍼져나가고, 방바닥에 발바닥이 껍적껍적 눌어붙고, 이부자리가 축축해질 때쯤이면 바로 장마의 피크다.

  장마가 절정에 달할 무렵, 어머니는 부엌에 나가 아궁이에 장작불을 지피신다. 장작 타는 소리가 경쾌하게 들리고 어머니 얼굴에 땀방울이 송글송글 맺힐 때쯤이면 눅눅했던 방바닥이 거짓말같이 뽀송뽀송해지고 우울하고 짜증스럽던 마음도 어느새 상쾌해진다. 놓칠세라 언니는 부지런히 이불을 꺼내 방바닥에 펴 말리고 우리들은 부엌에 나가 어머니가 가마솥에 끓여주신 빗물로 목욕을 한다. 샴푸나 린스가 없던 시절에 빗물과 빨랫비누는 훌륭한 세제였다. 빗물에 감은 머리카락은 유난히 반질거리고 윤이 난다. 물기를 툭툭 털어낸 후 머릿속에 손가락을 넣으면 사르르 손가락 사이로 미끄러져 빠져나가던 머리칼의 감촉을 지금도 잊지 못한다.

초저녁부터 할일 없이 TV앞에 앉아 요리조리 채널을 돌려가며 방송극을 모조리 훑어본 후 9시 뉴스를 틀었더니 똑순이처럼 생기발랄하게 생긴 여자 아나운서가 방긋방긋 웃으며 일기예보를 전한다. 후퇴했던 장마전선이 다시 북상중이라나, 중부지방은 오늘밤부터 다시 장마권에 들겠다나, 비 올 확률이 어쩌구저쩌구 힘주어 말하는 폼이 오늘밤엔 정말 비가 오긴 오려나 보다. 아니나 다를까 저녁 늦게부터 한두 방울씩 떨어지던 비가 한밤중에는 장대비로 변했다. 그동안 참을 만큼 참았다는 듯이 맹렬한 기세로 퍼붓는다.

시집살이 시절엔 자고 또 자도 모자라던 잠이 다 어디로 갔을까. 지금은 애써 잠을 청해도 눈만 말똥말똥 뜬눈으로 지샐 때가 허다하다. 나이 먹은 사람들의 공통점 중의 하나는 앞으로의 일보다 지난 일을 회상하는데 더 많은 시간을 허비한다고 하는데 나 역시 예외가 아니다. 창밖엔 장맛비가 주룩주룩 내리고 엎치락뒤치락 잠은 안 오고 불현듯 젊은 시절을 보냈던 정릉집이 떠오른다.

점점 거세어지는 빗소리를 들으며 내 마음은 어느새 정릉집

뒷마당에 서 있다. 그러니까 그때가 언제였더라, 그때도 오늘처럼 장맛비가 억수같이 쏟아지던 날이다. 저녁 설거지를 마친 후 뭔가 볼일이 있어 뒤뜰로 갔는데 그때 그 황당함이란! 길이 20미터쯤 되는 긴 담장이 소리도 없이 폭삭 무너져 내린 것이다. 허둥지둥 동사무소에 연락하여 모래주머니를 얻어다 축대 밑에 쌓고, 비닐을 사다가 추녀 밑에서 담장 밑까지 덮어놓고 하늘만 쳐다보는데 그치라는 비는 그치지 않고 장대같은 비는 왜 그리도 세차게 쏟아지는지 입술이 바작바작 타들어갔다.

뒷담을 고치고 나서 몇 년 후 또 비 때문에 혼쭐이 났다. 방수가 부실했던지 지하실 바닥으로 빗물이 스며들어 쌓아놓은 연탄 400장이 와르르 무너진 것이다. 말이 400장이지 물과 섞여 뒤범벅이 된 석탄 반죽을 상상해 보라. 그것을 일일이 바가지로 퍼 나르는 일은 또 얼마나 힘들고 처량한 일인지는 경험해 본 사람만이 알 것이다. 비가 그친 후 기술자를 불러 조사해 보니 원인은 볼펜심만한 작은 구멍 때문이었다.

지나간 일을 떠올리다 보니 참으로 구질구질한 인생을 살아왔다는 생각이 든다. 그러나 어이 하리. 실제로 내가 겪은 일들이니, 20년의 단독주택 생활을 청산하고 아파트로 이사 온 후론 비가 아무리 쏟아져도 걱정이 없다. 빗소리가 들리면 한밤중에도 밖으로 나가 앞마당, 뒷마당을 돌아보아야 안심하고 잠들던 습관도 없어졌다. 무엇보다도 담장 넘어질 걱정, 지붕

샐 걱정, 하수구 막힐 걱정하지 않아서 좋다. 하지만 나이가 든 탓인가, 가끔 처마 끝에 떨어지는 낙숫물 소리가 그리울 때가 있다. 지붕 위로 떨어지는 빗방울 소리를 들으며 따뜻한 아랫목에서 아이들에게 도란도란 옛날 얘기를 들려주던 그때가 그립다.

그땐 불편해도 낭만이 있었는데….

전 쟁

 어젯밤에도 그놈의 공격을 받아 손등이 벌겋게 부어올랐다. 오늘밤도 열대야와 싸우며 가까스로 잠이 들려 하는데 또 그놈이 찾아왔다. 지금 어딘가에서 툭 튀어나온 눈망울로 나를 노려보며 공격할 틈을 엿보고 있는 것이 틀림없다. 이건 나의 오랜 경험에서 우러나온 육감이다.
 잠이 천리만리 달아난다. 그놈은 내가 잠들기만 기다렸다가 내가 잠들면 쏜살같이 하강하여 나의 가장 부드러운 부위를 공격할 것이다. 가뜩이나 올 여름은 무더위 땜에 심신이 지쳐있는데 이놈까지 나의 피를 탐내며 호시탐탐 노리니 내 이놈을 오늘은 꼭 잡고야 말리라. 안 그러면 이놈에게 계속 헌혈을 해야 하고 이놈은 내 피로 살찌워 2세, 3세를 계속 퍼트려 나갈 터이니 생각만 해도 끔찍하다.

젊은 시절엔 한 번 표적을 삼고 덮치면 거의 놓치는 법이 없었는데 요즘은 성공률이 반의반도 안 된다. 정확히 사정권 안에 들어와 있는 놈을 내리쳐도 헛손질하기 일쑤고 손가락 사이로 빠져 달아나기 일쑤다. 도대체 이놈이 어디로 들어왔을까. 사방이 방충망으로 밀봉되어 있고 문을 열어 놓은 적이 없는데 참으로 모를 일이다. 요즘 모기들은 영악하기가 이를 데 없다. 바깥에서부터 사람 몸에 붙었다가 엘리베이터를 타고 집안으로 진입하는 똑똑한 모기들도 많다고 한다. 지금 나와 대치 상태에 있는 이놈이 바로 그런 부류에 속하는 똑똑한 모기인가 보다. 도무지 정체를 노출시키지 않고 진종일 어디에 숨었다가 잠들려고 눈만 감으면 공격을 하는지. 나는 한밤중에도 모기에 물리면 벌떡 일어나 그놈을 꼭 잡아야 직성이 풀리고 잠이 온다. 인간의 피를 빤 모기들은 대부분 멀리 날아가지 못하고 가까운 벽이나 가구에 붙어 있기 때문에 눈에 잘 띄고 몸도 민첩하지 못해서 쉬 잡힌다.

살기를 느꼈음인지 이때쯤이면 그놈이 슬슬 활동할 때도 됐는데 오늘은 영 조용하다. 눈도 뻑뻑하고 잠도 소록소록 밀려오고 대치국면이 길수록 힘이 빠진다. 그 순간 희미하게 귓전을 울리는 그놈의 날갯짓소리, "에에엥~" 그러면 그렇지 네 놈이 안 나타나고 배겨. 나는 그놈이 더 가까이 다가와 최후의 일격을 가할 수 있는 거리까지 날아오기를 고대하며 참을성 있게 기다렸다. 드디어 그놈은 내 얼굴 가까이 바로 코 밑까지 날아와 하강지점을 찾으려 분주하게 날갯짓을 해댄다. 그러면 그럴수록 나는 그놈을 일격에 때려잡을 적기를 잡느라 소리 나는 곳을 향해 고도의 정신력을 집중한다. 이제 두 손바닥만 정확하게 마주치면 그놈은 압살당해 피를 토하며 세상을 하직할 것이다. 그리고 나면 나는 오늘밤 두 다리 펴고 깊은 잠을 잘 수 있으리라.

 그러나 놈은 결코 만만한 상대가 아니다. 거의 내 두 손바닥 사이로 들어올 듯하더니 무슨 낌새를 챘는지 다시 천장으로 날아오른다. 이쯤 되면 나도 특수전법을 펼칠 때다. 놈이 접근하기만을 누워서 마냥 기다릴 수만은 없다. 특수전법이란 내가 즐겨 쓰는 유인작전인데 이 전법은 모기가 밝은 곳을 좋아하는 생리적인 특징을 이용해 집안에 한 군데만 밝혀 놓는 방법이다. 불을 밝히는 장소는 되도록 좁은 공간일수록 좋은데 가장 적당한 장소는 안방에 연한 화장실이다.

 화장실에 불을 환하게 밝히고 나서 2, 3분쯤 지났을까 베트콩처럼 새까맣게 생긴 모기 한 마리가 뾰루룽 날아들었다. 그러면 그렇지! 네 놈이 아무리 똑똑한들 인간의 머리를 당할 소냐. 나는 회심의 미소를 지었다. 그리고 재빨리 화장실 문을 닫았다. 한 평도 못되는 화장실 내부, 도망갈 곳도 숨을 곳도 없는 사방이 하얀 타일 벽, 모기의 일거수일투족이 한눈에 보인다. 독 안에 든 쥐나 다름없다. 그래도 행여 놓칠세라, 한밤중에 돋보기까지 쓰고 눈을 번득이며 모기와 싸우는 노인의 모습이 화장실 거울 속에 언뜻언뜻 비친다. 내가 봐도 볼썽사나운 모습이다. 그러나 어쩌랴, 이렇게 하지 않으면 그 뻔뻔한 놈은 여름 내내 나의 피를 탐하며 괴롭힐 것이고 내 피부는 습진으로 얼룩질 것인데….

　멈출 수 없는 전쟁! 찬바람이 불어 모기 입이 삐뚤어질 때까지 나는 오늘과 같은 신경전을 내일도 모래도 계속할 것이다. 빨리 가을이 왔으면….

우리 동네 할머니를 부탁해

 아카시아 꽃이 만발하던 지난 5월 하순경, 여느 날처럼 동네 뒷동산에 오르다 백발이 성성한 할머니 사진과 함께 '치매 어머니를 찾습니다'란 글씨가 새겨진 현수막 하나가 눈에 들어왔다.
 '성명 李○○, 나이 80세, 천주교 본명 스텔라, 신체적 특징 153센티미터의 자그마한 키에 얼굴에 주름이 많으며 뒷짐을 잘 짚고 다님. 밤늦게 온 가족이 대구 수성지점 홈플러스로 쇼핑을 나갔다가 잠깐 사이에 어머니가 행방불명 됨. 당시 어머니가 입고 있던 옷은 분홍색 티셔츠에 분홍색 잠바를 입으셨으며 하의는 등산용 검정 바지를 입었는데 바지 단을 늘 접어 입는 습관이 있음'이라고 쓰여 있었다. 그리고 현수막 끝자락에는 2남 1녀의 핸드폰 번호와 함께 찾아주는 사람에겐 반드시 후사하겠다는 약속 문구까지 꼼꼼히 적혀 있었다.

현수막을 보자 제일 먼저 떠오른 것은 향년 91세로 몸 거동이 불편한 친정어머니가 생각나서 가슴이 찡했고 한편으론 잃어버린 80노모를 애타게 찾는 자식들이 있음을 보고 아직 우리 사회가 희망이 있구나하는 생각에 가슴이 훈훈했다. 한동안 우리 사회에 확인되지 않은 루머들이 떠돌아 얼마나 마음을 서글프게 했는가. 늙은 부모를 여행지에서 버렸다는 둥, 멀쩡한 부모를 정신병자로 몰아 정신병원에 가뒀다는 둥, 이런 얘기들 뒤에는 반드시 재산문제가 도사리고 있었다. 너무 일찍 자식에게 재산을 넘겨줬기 때문에 버림을 받았다는 것이다.

고희(古稀)를 코앞에 두고 있는 요즘, 친구나 또래 사람들을 만나면 예외 없이 비슷한 화제가 등장한다. 그때마다 사람들은 결사항쟁에 나서는 노장들처럼 결의가 대단하다. 절대로 죽기 전까지는 자식들에게 재산을 넘겨주지 않겠다고, 하지만 이런 결심은 몸이 건강하고 정신이 온전할 때의 얘기다. 거동이 불편해 은행출입이 어려워지거나 치매에 걸려 정신이 온전치 못한 경우 무슨 수로 자기 재산을 관리할 수 있으며 자식들의 말을 거역할 수 있단 말인가. 서슬이 퍼래 기염을 토하던 노인들도 이 문제 앞에서는 기가 죽는다. 한 발 한 발 다가오는 생물학적 노화를 그 누가 막을 수 있으리오. 그래도 저 현수막에 걸린 李노인은 행복한 편이다. 80이 넘도록 자식의 보호를 받으며 살았고 온 가족 쇼핑 나들이에도 동행할 수 있었으니….

치매에 걸린 노인은 어린아이와 같아서 잠깐만 눈을 떼도 사고가 난다고 한다. 얼마 전 세계적인 베스트셀러가 되었던 신경숙 작가의 소설 「엄마를 부탁해」가 바로 그런 내용이다. 서울에 사는 자식이 별러서 시골에 사시는 어머니를 모시고 서울에 올라왔는데 서울역에서 순식간에 엄마가 사라져서 자식들이 애타게 방방곡곡을 찾아 헤매는 스토리인데 묘한 것은 옛 추억을 더듬어 어머니가 가셨을 만한 곳을 찾아가면 한결 같이 그곳엔 어머니가 이미 한발 먼저 다녀가신 후라는 것이다. 혹시 우리 동네 할머니도 옛 추억을 찾아 긴 시간여행을 하고 계시는 것은 아닐까. 동네 어른들의 말을 빌리면 평소에 李할머니는 성격이 쾌활한 편이고 부지런해서 동네 구석구석을 누비고 다니셨다고 한다. 그리고 만나는 사람마다 고향과 본관을 물으셨다고 한다.

  첫 현수막이 걸린 지 몇 주 지나서 다시 새로운 모습의 현수막이 걸렸다. 범위도 넓어져서 먼 동네 신작로까지 걸렸다. 문구도 더 첨가되고 크기도 더 커졌다. '그간의 사정이나 이유는 절대 불문하겠습니다. 진심으로 찾기만 하면 됩니다. 찾아주시거나 결정적 제보를 해주시면 사례하겠습니다. 사례금 2000만원. 꼭 연락 주십시오. 평소 사람을 만나면 상대방의 성씨와 고향에 대해 잘 묻고, 본인의 성씨인 여강 이씨, 친정동네인 양동마을, 자식들 자랑을 잘함'이라고 적혀 있었다. 그리고 보니 李할머니가 그 유명한 양동마을 회재(晦齋) 이언적(李彦迪)의 후손이셨구나. 아무리 늙고 병들어도 근본은 잊지 않는가 보다. 이제야 왜 李할머니가 보는 사람마다 성씨와 고향을 물었는지 이해가 된다.

 요즘 우리 동네 사람들은 몇 사람만 모여도 "노인네 찾았대요? 날은 더워 오는데 자식들 속이 얼마나 탈까…" 하며 혀를 끌끌 찬다. 이제 李할머니를 찾는 일은 그 자식들만의 일이 아니고 우리 동네 관심사가 되었다. 여름가고 무서리 내리고 첫눈 내리고 한 해가 저물기 전에 빨리 시간여행을 마치시고 돌아오시기를 빈다. 그러나 만에 하나 못 찾을 경우, 우리도 신경숙 작가가 부탁한 것처럼 '우리 동네 할머니를 부탁해…'라고 전 국민에게 머리 조아려 부탁해야 하지 않을까.

돌조각의 교훈

　인류 역사상 가장 먼저 올림픽을 시작한 나라는 고대 그리스다. 그리고 현대 올림픽을 제일 먼저 시작한 나라도 그리스다. 이번 여행에서 가장 기대한 곳이었던 만큼 흥분도 크다. 지금은 텅 빈 운동장이지만 이곳에서 세계 젊은이들이 모여 힘과 기량을 마음껏 펼치고 뽐내던 곳 아닌가. 우렁찬 함성이 들리는 듯하다.
　감동에 젖어있을 때 우리 일행을 인솔하던 가이드가 다가오더니 운동장 한편에 조각상 하나를 가리키며 자세히 보라고 한다. 언뜻 보면 직사각형의 기다란 돌기둥인데 자세히 보면 돌기둥 꼭대기에 남자 머리가 양면에 조각되어 있다. 한 쪽 면은 잘 생긴 젊은이의 얼굴이 조각돼 있고 반대 쪽 면에는 늙은 남자의 얼굴이 조각돼 있다. 그것이 전부이고 몸통은 밋밋한 대리석 덩어리일 뿐이다. 그리스에 와서 여태껏 보아온 화려한 조각상들과 너무 대조되어서 실망스러웠지만 그래도 올림픽 메인스타디움 한가운데 세워 놓은 조각상이니 뭔가 있겠지 싶어 이리 뜯어보고 저리 뜯어봐도 아름다움과는 거리가 멀다.

도대체 왜 이런 생경스런 조각상을 세계인들이 찾아오는 의미 깊은 올림픽 메인스타디움에 세웠을까? 모두들 해답을 찾지 못하고 끙끙 거리고 있을 때, 짓궂은 가이드가 싱글거리며 다가와 일시에 궁금증을 풀어 주었다. 처음부터 이 조각상을 봤을 때 간과하고 넘어간 곳이 한군데 있었다. 그곳은 밋밋한 몸통 아래로 내려와서 하체부분에 달린 남자의 성기였다. 머리와 몸통 부분만 신경 썼지 하체 부분까지는 미처 보지 못한 것이다. 솔직히 말하면 봤어도 건성 봤다고 하는 편이 옳을 것이다. 가이드가 가리키는 손길을 따라 새롭게 바라보니 쿡! 하고 웃음이 터질 정도로 적나라하게 남성의 성기가 표현돼 있다. 그러나 아이러니컬하게도 젊은 남성의 성기는 땅을 보며 축 쳐져있고 늙은 남자의 성기는 위를 향해 치켜져있었다.

이 조각을 보고 웃지 않을 사람은 없을 것이다. 그 자리에 있던 사람들이 모두 민망한 듯 입을 가리고 킥킥거렸으나 곧 그 조각상이 가지는 의미를 알고 난 후에는 모두 입가에 웃음이 사라졌다. 조각상이 전하고자하는 메시지는 아무리 젊은 사람이라 할지라도 건강관리를 하지 않고 운동을 게을리 하면 몸이 약해져 성기능이 떨어지고 나이가 많더라도 운동을 열심히 하고 건강관리를 잘하면 성기능이 왕성하다는 것이다.

이 메시지는 비단 남자에게만 해당하는 얘기는 아닐 것이다. 남녀 모두에게 해당되는 얘기일 것이다. 생물학적으로 인간의 성장은 25세까지라는 학설이 있다. 그 후부터는 모든 기능이 정상에서부터 하향곡선을 그리게 되는데 젊음을 유지하고 건강한 삶을 살려면 운동을 꾸준히 해야 한다고 전문가들은 말하고 있다. 젊음만 믿고 운동을 게을리 하면 저 조각상의 젊은이처럼 머지않아 땅을 쳐다보게 될 것이고 부지런히 운동하고 건강관리에 힘쓰면 저 조각상의 노인처럼 오래오래 젊음을 유지할 수 있을 것이다. 그리고 보니 저 직사각형 돌기둥 조각상이 이 메인스타디움의 상징물인 셈이다. 비록 아름답지는 않지만 이 곳에 서 있는 모든 조각상들이 지닌 의미를 모두 합친 것보다 훨씬 의미가 크리란 생각이 든다. 저 조각상이 지니고 있는 의미만 올바로 깨달아도 비싼 여행비 들여 머나먼 아테네 올림픽 메인스타디움까지 힘들게 온 보람을 뽑고도 남을 것이다.

현대의학의 발달과 환경개선으로 인간의 수명은 날로 늘어나고 있다. 앞으로 100수를 누리는 사람이 많아질 것이다. 아니, 그 이상의 수명을 누리는 사람도 많아질 것이다. 그러나 얼마나 오래 사느냐가 중요한 것이 아니다. 그보다는 어떻게 사느냐가 중요한 일이다. 삶의 질을 높이기 위해서는 우선 건강해야 하고 그 다음이 돈이고 친구고 일이라 생각한다. 이번 여행을 마치고 집에 돌아가면 꼭 한 가지 운동을 시작해야겠다. 꼭~!

민달팽이의 죽음

 지난겨울은 유난히도 추웠다. 삼한사온이란 말이 무색할 정도로 강추위가 계속되어 기상대가 생긴 이래 겨울날씨로는 신기록을 갱신했다는 보도가 연일 신문지상을 장식했다. 그리하여 웬만한 일들은 모두 '날 풀린 다음에'란 말로 미뤄가며 따뜻한 방에서 뭉개며 마냥 게으름을 부렸다. 한 달, 두 달이 지나자 창틀이며 베란다 구석구석에 먼지가 소복이 쌓여 갔다. 마음으로만 '대청소를 해야지' 벼를 뿐 겨울이 다가도록 엄두를 내지 못했다. 이제는 청소를 생각하는 것 자체가 스트레스다.
 참다못해 날씨가 조금 풀린 2월 중순 어느 날, 방학 내 미뤘던 숙제를 하는 어린이마냥 드디어 대청소를 시작했다. 시작하기가 힘들지 막상 일을 시작하면 잘 한다. 30년 갈고 닦은 맏며느리 솜씨가 어디 가랴. 털고 쓸고 닦고 신들린 사람마냥 쉬지 않고 해나갔다. 이사할 때 새로 단 커튼도 떼어서 빨았다. 요즘 커튼은 뭐가 이리 복잡한가. 헝겊 속에 쇠꼬챙이가 들어 있을 뿐만 아니라 위아래가 노끈으로 연결되어있어서 그것들을 일일이 빼내고 풀어내는 일이 여간 힘든 게 아니다. 집념으로 10개의 쇠꼬챙이와 6가닥의 노끈을 풀어내고 나니 커튼이 힘없이 바닥으로 떨어진다. 십년 묵은 체증이 가시는 듯하다. 가루비누를 넉넉히 풀고 세탁기로 빨아서 탈수를 시키고 나니 건조시키지 않아도 쇠꼬챙이를 다시 끼워 곧장 사용할 수가 있다. 이렇게 개운한 것을 왜 진작 하지 못했을까.

내친 김에 베란다로 돌진했다. 무엇이 이리도 많은가. 아들이 사용하는 운동기구를 비롯하여 올망졸망한 화분들이 무려 30여 개, 겨우내 떨어져 썩은 낙엽들이 화분 주위와 받침대마다 지저분하게 쌓여있다. 빗자루로 쓸어내고 물걸레로 화분 주변을 닦아내니 금방 깔끔해진다. 춘란 하나가 생기를 더하며 곧 꽃망울이 터질 것 같다. 역시 사람 손이 위대하다.

이제 마지막 남은 관문은 베란다의 창틀 닦기다. 힘들게 하고도 표시나지 않는 곳, 그래서 제일 힘들고 짜증나는 곳, 그렇다고 빼놓으면 뒷간에 갔다 뒤처리 안하고 나온 것처럼 찜찜한 곳, 그것은 바로 주부들이 제일 싫어하는 창틀이다.

창틀 청소는 인내심을 요한다. 육중한 새시 문을 열었다 닫았다 수없이 반복하면서 하얀 걸레가 검은 걸레로 변할 때까지

빨고 닦고를 반복하면 창틀 본연의 색깔이 제 모습을 드러낸다. 그래도 복선으로 깔아놓은 레일에는 시커먼 먼지가 틈틈이 박혀 있다. 그것까지 완벽하게 닦으려면 뾰족한 쇠꼬챙이에 걸레를 씌워서 후벼내는 수밖에 없다. 이렇게 힘든 일을 하고 살지만 주부들의 가사노동이 제대로 평가 받지 못하는 현실이 안타깝다.

한참 몰두하여 레일 틈에 낀 때를 닦아내고 있을 때였다. 뭔가 희미한 움직임을 보았다. 배수구로 뚫어놓은 구멍 속에 뭔가 박혀있는 것 같다. 느낌이 좋지 않다. 그렇다고 꺼내 확인해 볼 용기는 더더욱 나지 않는다. 순간 나도 모르게 걸레를 든 손이 구멍 속을 향해 날카롭게 공격해 들어갔다. 그럴수록 구멍 속에 그것은 몸을 최대로 웅크리고 나오지 않으려고 안간힘을 쓴다. 처음부터 시작하지 않았으면 모를까 이왕 시작한 일, 나도 악착을 떨며 구멍 속의 그것을 빼내려고 안간힘을 썼다. 드디어 힘을 준 손끝에 뭔가 뭉클 묻어 나오는 느낌이 들었다. 의외로 그것의 몸통은 작고 볼품이 없었다. 자세히 보니 그것은 민달팽이였다. 순간 며칠 전 풍경이 번개처럼 머릿속을 스치고 지나간다.

베란다 창가에 햇살이 따스하게 스며들던 오후로 기억한다. 화분에 물을 주고 있는데 꽃망울이 터질 듯 부풀어 오른 아젤리아 화분 위로 민달팽이 한 마리가 느릿느릿 기어가고 있었다. 등 위로 따스한 햇볕을 가득 이고서….

　그럼, 지금 내가 죽인 민달팽이가 바로 그 민달팽이란 말인가. 따스한 햇볕을 온몸에 받으며 생의 찬미를 구가하던 그 민달팽이를 죽이다니, 그 허망한 주검을 보면서 손끝이 부르르 떨린다. 오늘따라 내가 왜 부지런을 떨었던고, 평소엔 하지도 않던 창틀 청소까지 하며 구멍 속에 낀 먼지까지 후벼 파겠다고 악착을 떨었는가. 추위가 완전히 풀려 민달팽이가 구멍 속에서 빠져나간 후에 대청소를 했더라면 그 생명도 살고 나도 이렇게 가슴 아픈 죄책감에 떨지 않아도 되었을 것을, 오후 내내 우울하다.

　안테나 같은 귀여운 더듬이를 쫑긋 세우고 잎사귀 위를 느릿느릿 기어가던 민달팽이의 투명한 살갗이 자꾸만 눈에 어린다.

177

민달팽이의 죽음

아카시아의 추억

아카시아! 얼마나 향기롭고 정감 있는 이름인가? 그러나 우리가 지금까지 불러오던 아카시아는 '아까시'라고 해야 맞는 이름이다. 이 땅에 처음 이 식물을 들여올 때 한 식물학자의 실수로 아까시라고 이름 붙여야 할 것을 아카시아로 잘못 이름을 붙여 와전된 것이라 한다. 실제 아카시아 나무는 따로 있다. 그러나 이 글에서는 평생 불러오던 습관대로 또 보통 사람들이 알고 있는 대로 아카시아라고 하겠다.

아카시아! 실제로는 이름만큼 곱지도 매력도 없는 나무다. 어디서나 너무 잘 자라고 너무 잘 퍼져서 귀한 대접을 받지 못하고 한 번 뿌리내린 곳에서는 악착같이 파고 들어가 남의 영토를 빼앗는 독한 습성 때문에 곧잘 사람들에게 눈흘김을 당한다. 그러나 꽃향기만은 끝내주는 나무다.

어린 시절, 5월만 되면 지천으로 깔리는 아카시아 꽃을 따러 산과 들을 헤매고 다녔다. 꽃 대궁 밑으로 여린 입술을 들이밀고 꿀을 빨아먹기도 하고, 탐스러운 꽃송아리를 통째로 입에 넣고 질겅질겅 씹어 먹기도 했는데 들쩍지근하면서도 풋풋한 향내가 나던 기억이 아직도 혀끝에 남아 있다.

언제나 아이들은 보다 높은 곳에 갓 피어난 새하얀 꽃을 따기 위해 까치발로 깡충깡충 뛰었고 어떤 아이는 아예 나뭇가지를 꺾어서 훑어 내렸다. 그땐 왜 그렇게 열심이었는지 아카시아 꽃에 목숨을 건 아이들 같았다. 그렇게 힘들게 딴 아카시아 꽃을 자랑하고 싶어 집에 가지고 돌아오면 어느새 빛나던 하얀 꽃잎은 누렇게 시들고 향기를 잃어 어린 마음에 상처를 입곤 하였다.

얼마 전, 오랜만에 미국에서 살다가 잠시 귀국한 여동생을 만났다. 바로 아래 동생이고 자랄 때 거의 친구처럼 지낸 동생이어서 어찌나 반가운지 우이동 계곡에서 만나 저녁을 먹은 후 소화도 시킬 겸, 바람도 쏘일 겸해서 산책을 나섰다. 봄비가 그친 후라 계곡에서 불어오는 바람은 어느 때보다도 상쾌했고 봄바람에 살랑거리는 나뭇잎들은 더 없이 푸르고 싱싱했다. 그런데 한 가지 애석한 일은 아카시아 꽃이 며칠 전 내린 비로 거의 떨어져 희끗희끗 흔적만 남아있는 것이다. 기왕이면 오랜만에 고향에 돌아온 동생에게 흐드러지게 핀 아카시아 꽃을 보여주었으면 좋으련만 아쉬운 마음이 들어 동생에게 말했다.
"얘! 아쉽다! 며칠만 일찍 왔어도 흐드러지게 핀 아카시아 꽃을 볼 수 있었을 텐데."
"언니! 나 이번에 한국에 와서 아카시아 꽃 실컷 구경했어. 그리고 아카시아 꽃 때문에 애경이 아빠도 살렸는데…"
이 무슨 말인가? 동생에게 무슨 일이 있었던 걸까? 들어본 즉 사연은 이러했다.
동생 내외가 한국에 나온 것은 아카시아 꽃이 한창이었던 5월 중순 경이었다고 한다. 귀국하자마자 두 사람이 제일 먼저 찾아 간 곳은 이천에 계신 시부모님 산소였는데 잡풀과 관목이 우거져 황량하기 그지없더란다. 부부가 성묘를 마친 뒤 곧장 풀베기로 들어갔는데 그날따라 날씨가 몹시 무더웠단다. 그러나 오랫동안 찾아뵙지 못한 죄책감과 이제 가면 언제 또다시 부모님 산소를 찾아뵐까 하는 마음에 땀을 뻘뻘 흘리며 쉬지 않고 일을 하고 있는데 갑자기 남편이 '물!' '물!' 외마디 소리를 지르며 쓰러지더란다. 인가는 멀고 준비해 간 물은 없고 그야말로 진퇴양난의 상황이 벌어진 것이다. 평소에 지병으로 당뇨병을 앓아 오던 동생 남편이 땀을 많이 흘리자 쇼크 현상이 일어난 것이다. 쓰러진 채로 꼼짝도 못하고 숨까지 헐떡거리니 그때 동생이 얼마나 난감했을까. 그렇다고 환자를 혼자 두고 물을 구하러 인가로 내려 올 수도 없고, 이럴 수도 저럴 수도 없는 위급한 순간에 동생 눈에 번쩍 들어온 것이 새하얗게 피어 있는 아카시아 꽃이었단다. 그러나 워낙 탈진 상태가 심한지라 남편은 아카시아 꽃조차 씹지를 못하더란다. 할 수 없이 동생이 한 입 한 입 씹어서 넣어 주었더니 한참을 받아먹은 후에야 서서히 눈을 뜨더란다. 얘기를 끝낸 동생에게 물었다.

"너 어쩜 그런 긴박한 상황에서 아카시아 꽃을 먹일 생각을 했니?"

"언니! 우리가 어렸을 적에 얼마나 아카시아 꽃을 따먹으며 놀았수. 눈앞에 아카시아 꽃이 보이는 순간 저거다! 하는 생각이 들더라구."

동생은 그때 절박했던 상황이 되살아나는 듯, 잔뜩 흥분된 표정으로 얘기를 이어갔지만 나는 줄곧 동생의 얘기를 들으며 한편의 드라마를 보는 것 같았다.

-아카시아 꽃이 하얗게 피어 있는 숲 속, 잡풀이 우거진 사이로 외로이 놓여 있는 두 무덤, 그 옆에 지쳐 쓰러져 있는 한 중년 남자, 또 그 옆에 아카시아 꽃을 열심히 씹어 먹여주고 있는 한 중년 여자.

이만하면 영화 속의 한 장면 같지 않은가. 어린 시절 장난삼아 따먹으며 놀던 아카시아를 구급약으로 쓰게 될 줄 누가 알았으리오. 한 여인의 재치 있는 행동과 지극한 사랑이 남편의 생명을 구한 것이다. 아카시아 꽃잎과 함께 서서히 5월이 가고 있다. 꽃잎 떨어지고 꽃향기 사라지고 나면 누가 아카시아를 기억할 것인가? 그러나 나는 아카시아 꽃의 향기와 아름다움을 오래오래 기억할 것이다. 사랑하는 동생과 함께….

무소유의 삶을 실천할 때

　일요일 아침, 해가 중천에 떠서야 일어나 아침 겸 점심을 먹으면서 또 다시 TV를 켠다. 마침 어제 보여줬던 쇼트트랙 경기를 재방송하고 있다. 우리 선수들이 메달을 딸 때마다 묶었던 체증이 쑥쑥 내려가고 대한의 혼이 뜨겁게 달아올라 가슴이 뭉클거린다. 얼마나 피나는 훈련을 했으면 덩치 큰 외국 선수들 틈바구니에서 밀리지 않고 날쌘 제비처럼 빠져 나갈 수 있을까. 어린 선수들이 대견하다.
　쇼트트랙 경기가 있을 때마다 늘 우리나라 선수와 신경전을 벌이는 미국의 오노선수가 선두다툼을 벌이다 스스로 넘어지는 장면이 다시 나오고 있다. 엊저녁에도 통쾌했는데 오늘 보아도 통쾌하다.
　TV 삼매경에 푹 빠져 있을 무렵, 외출했던 큰아들이 현관문을 벌컥 열고 들어온다.

"엄니! 밖에는 불자동차가 오고 난리가 났는데 태평스럽게 TV만 보고 있어요?"

그리고 보니 조금 전에 사이렌 비슷한 소리가 희미하게 들린 것 같다. 후닥닥 일어나 부엌 베란다 창을 열고 밖을 내다보니 아뿔싸! 이게 뭔 일이람. 빨간 불자동차가 좁은 아파트 마당을 꽉 메우고도 모자라 연신 새로운 불자동차가 아파트 진입로로 들이닥치는 중이며 응급 구조차량도 2대나 서 있다.

어디 그뿐인가! 구경꾼들이 까맣게 몰려들어 우리 동을 향해 목을 치켜들고 있는 것이 아닌가. 가슴이 철렁 내려앉는다. 발화 지점을 찾기 위해 창밖으로 길지도 않은 목을 있는 대로 늘려 빼고 구경꾼들이 향하고 있는 시선을 따라가 보니 문제가 생긴 곳은 바로 1, 2라인 중간층쯤 되는 곳이다. 화염이나 검은 연기는 뿜어 나오지 않지만 가늘게 연기가 새어나오는 듯하다. 일단 3, 4라인이 아니어서 안도의 숨을 내쉬었지만 그래도 불길이 확산되면 옆 라인으로 옮겨 붙는 일은 눈 깜짝할 순간이 아니겠는가.

경비실과 관리실에 전화를 걸어도 받지 않는다. 불자동차가 저렇게 많이 오고 사람들이 저렇게 많이 모여 있는데 관리사무소는 방송도 하지 않고 뭘 할까? 불길한 마음이 든다. 이렇게 한가하게 앉아 있을 때가 아닌 것 같다. 방송이 나오던 안 나오던 대피 준비는 하는 게 상책일 것 같다. 그런데 막상 가지고 나갈 물건을 챙기려하니 괜스레 장롱 문만 열었다 닫았다 하고 이 방 저 방으로 건너다니기만 할 뿐, 무얼 어떻게 가지고 나가야할지 도무지 생각이 나질 않는다. 가전제품은 무거워서 안 되고 침대나 이불 같은 것은 부피가 커서 안 되고 책은 더더욱 무거워서 안 되고 그러다 보니 시간만 흐르고 뭐하나 제대로 결정한 게 없다.

누구든지 당황할 때는 이성을 잃게 마련이다. 이래서 재난을 당해 본 경험이 있는 사람들의 얘기를 들어보면 한결같이 쓸데없는 물건, 이를테면 밥주걱이라든가 냄비, 헌 신발 따위가 고작이라 하지 않던가. 나도 지금 거의 그런 수준에서 갈팡질팡 하고 있다. 정신을 바짝 차려야겠다. 이재민이 되었을 때 우리 가족에게 가장 필요한 물건이 무엇일까. 그것은 바로 부피가 작으면서도 재산 값어치가 큰 것이리라.

이성을 되찾아 차근차근 나열해보니 가지고 나갈 물건은 정말 몇 개 되지 않는다. 카드와 신분증 그리고 현금이 약간 들어있는 핸드백, 패물, 여권, 집문서, 그리고 당장 갈아입을 옷 몇 벌, 대충 이 정도다. 그러고 보면 참 사는 게 별거 아니다. 비상시에 가지고 나갈 물건이 고작 이 정도라니. 그런데도 사람들은 천년만년 살 것처럼 물건을 사들여 구석구석 쌓아놓는다. 수년 간 주인의 손길을 기다리며 낡아가고 있는 옷들이 수

두룩하다. 장롱 안에 이불과 옷 중, 절반 이상이 쓰지 않고 입지 않는 것들이다. 주방 수납장 안에 쌓여있는 그릇 또한 마찬가지다. 새로운 주방기구가 나올 때마다 욕심껏 사들이지만 정작 새로운 요리기구나 그릇은 쓰지 않고 매일 사용하는 그릇만 사용한다. 세트로 사들인 비싼 그릇일수록 높은 곳에 모셔두고 쓰지 않아 먼지만 뽀얗게 쌓여 간다.

다행히 불길은 번지지 않았고 호들갑스럽게 출동했던 불자동차들도 모두 철수했다. 일요일 아침의 한바탕 해프닝으로 사건은 종결 됐다. 해프닝의 진상은 어느 집 주부가 외출하면서 찌개냄비를 가스레인지 위에 올려놓고 나간 사이 냄새와 연기가 진동하자 이웃주민이 소방서에 신고한 것이다. 다행히 집주인과 빨리 연락이 되어 불상사는 일어나지 않았지만 하마터면 화재로 이어질 수 있었던 위험천만한 일이었다.

게으름 부리기 쉬운 일요일 아침, 비록 짧은 순간의 일이었지만 나에겐 많은 것을 깨닫게 해 준 사건이었다. 아무 생각 없이 타성대로 살아가다가 새롭게 인생을 돌아보는 계기가 되었다고나 할까. 아무튼 정신을 번쩍 차리게 해 준 일임에 틀림없다.

오늘이라도 당장 장롱 속의 옷과 싱크대 속에 쓰지 않는 그릇들을 정리하여 필요한 사람에게 주어야겠다. 앞으로 되도록 새로운 물건이나 옷을 사지 말아야겠다. 지금 있는 옷과 물건으로도 삶을 다할 때까지 입고 쓰기에 충분하다. 산사의 수행자들처럼 무소유의 생활을 실천하진 못하더라도 소유를 가볍게 하는 삶이 되도록 노력해야겠다.

　일요일 아침 이웃의 실수가 나에겐 큰 깨달음의 기회가 되었다. 그렇다고 이런 기회가 자주 있었으면 하는 건 아니다. 딱 한 번이면 족하다.

　"휴…."

살아있는 백제인을 만나다

 2년 전, 세모의 밤 분위기가 흥청거리는 광화문거리에서 길을 찾는 일본인을 우연히 만났다. 그를 만난 것은 행운이었다. 아니, 그가 나를 만난 것이 행운이었다.
 그날 광화문에 간 것부터가 좋은 조짐이었다. 일 년에 한 번 간행되는 문예지『문학서울』이 어느덧 십년 세월을 훌쩍 넘겨 10호가 발간돼 출판기념회 겸, 송년모임을 갖는 자리였다. 그러나 그날은 계속되는 송년모임에 피로가 쌓여서인지 속도 거북하고 눈도 뻑뻑해서 식사만 하고 먼저 일어나 밖으로 나왔다. 시원한 바람을 쐬며 걸으니 살 것 같다. 때마침 날씨도 풀려서 포근하고 걷기에 안성맞춤이다.
 유유자적 산책하는 기분으로 도심의 보도블록 위를 걷고 있는데 누군가 뒤에서 말을 거는 느낌이 들었다. 돌아보니 한 중년남자가 한 손에 약도를 들고 커다란 가방을 어깨에 둘러멘 채 엉거주춤 나를 향해 다가오고 있었다. 그가 내민 약도를 보니 종로3가 근처에 있는 여관인데 너무 후미진 곳이어서 서울에만 60년을 산 나도 찾기가 쉽지 않은 그런 묘한 장소였다. 낮이면 몰라도 깜깜한 밤중에 어떻게 외국인을 혼자 거리에 놔두고 돌아선단 말인가. 나도 외국에 여행 갔을 때 이런 경험이 있지 않았는가. 목적지까지 친절하게 데려다 주는 사람을 만나면 그 고마움은 평생 간다.

그와 함께 오랜만에 걷는 종로의 밤풍경은 낯설기 그지없다. 발 디딜 틈 없이 들어선 노점상들과 번쩍이는 네온의 현란한 불빛과 젊은이들의 활기찬 웃음소리에 종로 거리는 떠나갈 듯하다. 신기한 듯 두리번거리며 내 곁에 바짝 붙어 걷고 있는 일본인이나 나나 이 거리에선 낯선 이방인일 뿐이다.

종로 3가를 지날 때다. 어둠 속에 뻥뻥 뚫어진 창살 너머로 희미하게 누군가의 동상이 보였다. 그도 보았는지 이곳이 어떤 장소고 동상이 누구냐고 물었다. 얼마나 아이러니한 일인가. 이곳은 100년 전 너희 나라가 우리나라를 식민지로 삼아서 우리민족이 단결하여 독립운동을 일으켰던 장소이고, 저 동상은 그때 앞장섰던 우리 민족의 지도자 손병희 선생이라고 속 시원히 말해줘야 하는데 도무지 적합한 단어가 떠오르지 않는다. 오로지 생각나는 것은 3·1운동이 일어났던 해가 '1919년'이라는 것과 독립이라는 단어 'independence' 밖에는 떠오르는 말이 없고, 그 단어마저도 어떻게 연결시켜야 할지 난감했다. 그 때처럼 학창 시절에 영어공부를 열심히 해두지 않은 것을 후회해 본 적이 없다.

그가 찾는 숙소는 창덕궁 앞 뒷골목에 자리한 작은 장급 여관이었다. 커다란 건물에 가리고 간판이 작아서 찾는데 애를 먹었다. 내국인도 이렇게 찾기가 어려운데 안내를 해주지 않았으면 추위에 얼마나 고생을 했을까. 아무리 생각해도 내가 오늘 이 남자를 숙소까지 안내해 준 일은 잘한 일 같다.

숙소에 도착하자마자 남자는 '쵸또마떼'란 말을 남기고 성큼성큼 건물 안으로 들어가더니 1분도 안돼 다시 뛰어나와 나에게 감사의 의미로 저녁을 대접하겠단다. 그는 가까운 한식집으로 나를 안내했다. 왜 일식집으로 가지 않느냐고 물으니 한국음식이 좋단다. 술도 우리나라 민속주를 시키고 술안주 겸 저녁 식사로 황태백반을 주문한다. 술 한배가 돌아간 후 그가 내민 명함을 보니 그는 요코하마에 사는 공학박사였고 1400년 전에 백제가 망할 때 일본으로 건너간 백제 유민의 자손이었다. 그는 자신의 뿌리에 대해 정확히 알고 있었으며 명함 뒷면에는 김해 金씨 아무개라고 하는 한국식 이름까지 새겨 있었다. 참으로 놀라웠다. 어떻게 이럴 수가 있는가. 1400년의 빛을 뚫고 어떻게 그가 오늘 내 앞에 이런 모습으로 다가올 수가 있는가. 우연이라고 하기엔 너무나 신기하다.
　그는 오랜 세월에 걸쳐 일본 속에 동화된 지식인이었다. 나의 직업을 물어서 역사 선생이라고 말하자 그의 눈빛이 빛난다. 그는 역사에 대해서 관심이 많다고 했다. 한국 역사를 놓고 일본과 한국간의 입장 차이가 큰 것도 알고 있다고 말한다. 그 대표적인 사례가 임진왜란을 일으킨 도요토미 히데요시에 대한 관점이라고 말한다. 히데요시는 일본 사람의 입장에서 볼 때는 영웅이지만 한국 사람의 입장에서 볼 때는 증오의 대상일 거라고 말한다. 그렇게 말하는 지금 그는 자기 자신을 일본 사람이라고 생각할까 백제의 피가 흐르는 한국 사람이라고 생각할까 속내가 궁금하다.
　광화문 거리에서 길을 물을 때부터 숙소까지 무사히 안내를 마치고 마주앉아 술 한 잔을 나눈 시간을 모두 합하면 2시간이 조금 넘는다. 이제 이 남자와 헤어져야 할 시간이다. 이번엔 이 남자가 나를 버스정류장까지 바래다주겠단다. 조금 전까지만 해도 내 뒤를 졸졸 따라왔던 사람인데 누가 주인이고 누가 객인지 모르겠다. 안국동 버스정류장으로 향하는 좁은 골목길을 나란히 걸으며 그는 무슨 생각을 했을까. 방금 전까지만 해도 서툰 영어에 서툰 일본어로 이야기 하느라 바빴는데 갑자기 분위기가 숙연해진다. 슬프지 않은 이별이 어디 있으랴. 지금 헤어지면 다시 만날 수 없을 거란 생각이 기분을 서글프게 만든다.

드디어 이별의 순간! 나는 버스 위로 오르기 전 그가 내민 커다란 손을 마주잡고 '사요나라!'라고 인사했다. 그의 유난히 검은 눈썹이 꿈틀거린다. 버스가 서서히 움직이기 시작했다. 그가 차창 너머로 손을 흔든다. 나도 마주 보며 손을 흔들었다. 버스가 출발해도 그는 계속 손을 흔들고 있다. 버스 안의 사람들은 나이든 중년 남녀의 유치해 보이는 이별 장면을 호기심 어린 눈초리로 바라본다. 콧날이 시큰해 온다. 이런 나 자신이 놀랍다. 불과 만난 지 2시간 밖에 되지 않았는데 이렇게 마음이 쓰리고 애잔한 것은 무슨 이유일까. 불가에서는 풀잎에 이슬이 맺히는 것도 인연이 있어 맺힌다고 하는데 1400년의 빛을 뚫고 오늘 내 앞에 나타난 그 일본인과는 전생에 어떤 인연이 있었던 것일까?

청계천 루미나리에 앞에서 원더풀을 연발 외치며 포즈를 취하던 천진스러운 모습, 숙소를 찾아가는 길이 멀자 연신 미안함을 표하던 겸손한 말씨, 느닷없이 가방을 열고 건네주던 사탕봉지, 한국사를 놓고 한·일간의 미묘한 입장 차이를 말하던 진지한 자세, 비록 짧은 만남이었지만 마음이 통했던 순간들이 많았다. 한국인의 피가 흘렀기 때문이 아닐까.

지금 내 손엔 그가 선물한 책 한 권과 명함이 들려있다. 그가 선물한 책을 읽으려면 일본어를 공부해야 한다. 그러나 내 나이 예순, 돌아서면 잊어버리는 기억력으로 무슨 공부를 한단 말인가. 그냥 한 순간의 소중했던 추억으로 마음 한편에 곱게 갈무리 해두련다.

  엊그제 광화문에 또 다른 송년모임이 있어 나갔다가 문득 그가 생각났다. 그도 가끔은 나를 생각할까. 공연히 먼 하늘로 눈길이 머문다.

철없는 엄마, 철없는 아들

온 민족이 하나 되어 응원했던 2002년 서울 월드컵대회! 아래 글은 월드컵 경기가 한창이던 6월에 군대에 가 있던 작은아들에게 보낸 편지 내용이다.

사랑하는 아들아!
요즘 우리나라는 온천지가 월드컵 개최로 열광의 도가니에 빠져 있다. 우리나라가 16강을 넘어 8강에 들 줄 누가 알았겠니?
요사이 매스컴에 가장 많이 오르내리는 단어가 뭔지 아니? '이변' '기적' '신화'란다. 사실 이런 말들은 어찌 보면 그동안 피땀 흘려 노력한 선수들에 대한 모독일지 모르지. 네가 서울에 있었으면 지금쯤 광화문이나 시청 앞에 나가 붉은 악마 응원단에 끼어 소리소리 지르고 있을 텐데… 이 순간에도 서울은 온통 붉은 물결로 장관을 이루고 있다.

대한민국이 8강에 오르자 세계 사람들 눈이 휘둥그레졌다.
참 대단하지 않니? 강력한 월드컵 우승 후보국이었던 프랑스, 포르투갈, 이탈리아가 짐을 싸서 집으로 돌아갔다. 포르투갈과 16강을 다투는 시합에서 박지성이 GOAL을 넣고 히딩크 감독 품으로 달려가 안기는 모습이 왜 그렇게 눈물이 나던지 혼자 울었다. 아마 박지성의 쪽 째진 눈매와 귀여운 자태가 너와 꼭 닮아서 그랬나보다.
8강에 오르는 날은 온 나라가 '대~한민국!'을 외치는 함성소리로 가득 차 잠을 잘 수가 없었다. 우리 아파트에도 즉석 응원단이 조직돼 밤새 축제를 벌였고 밤 1시에 거리로 나가 봤더니 기가 차더라. 몰려나온 응원단들에 의해 거리는 인산인해를 이루고 폭죽이 터지고 손에 손에 태극기를 든 사람들로 넘쳐나더라. 처음 보는 사람들도 몇 사람만 모이면 대~한민국과 5박자 박수를 치며 기쁨을 함께 나눴고 달리는 자동차들도 클랙슨으로 다섯 박자를 울려서 거리의 시민들과 승리의 기쁨을 함께 나누는 모습이 얼마나 감격스러운지 시간가는 줄 모르고 거리를 헤맸다. 집에 들어와 보니 새벽 3시더라.

어느덧 4년이 지나, 다시 그날의 함성과 환희가 방방곡곡에 울려 퍼지고 있다. 오늘은 2006년 독일 월드컵 대회가 열리고 첫 번째로 대한민국 팀이 아프리카 토고팀과 시합을 하는 날이다. 동생이 자기 동네 인조 축구 경기장에 대형화면을 설치해 놓았으니 함께 축구구경을 하잔다. 언제부터 생긴 습관인지 모르겠으나 국제적인 큰 시합이 있을 때마다 대형화면을 설치해 놓고 여러 사람이 함께 관전하며 응원하는 일이 새로운 문화로 자리 잡았다. 이제는 혼자 집에서 조용히 보면 재미가 없다. 대형화면이 있는 장소에서 여러 사람이 어울려 시끌벅적거리며 관전을 해야 재미도 있고 또 그래야만 우리 편이 이길 것 같은 막연한 기대심리도 작용한다.

 아예 퇴근을 동생 집으로 해서 저녁까지 얻어먹고 시원한 바람이 부는 월곡동 인조축구 경기장이 있는 언덕으로 올라갔다. 붉은 T셔츠에 붉은 악마 머리 뿔을 단 사람들이 어디서 모여들었는지 이미 운동장은 축제 분위기로 들썩거리고 있었다. 4년 전, 바로 이맘때 지금처럼 온 나라가 축제 분위기로 들썩일 때 나 홀로 가슴 졸이며 밤잠을 설치던 일이 문득 생각난다.

 이야기는 4년 전으로 거슬러 올라간다. 4강 진출을 확정한 후 3·4위를 가르기 위해 터키와 일전을 치르는 날이었다. 마침 토요일이어서 일찍 귀가했는데 뒤따라 현관 도어록이 스르르 열리더니 최전방 부대에 있어야 할 작은아들 얼굴이 불쑥 나타나는 것이 아닌가. 행색도 가관이었다. 소매 없는 T셔츠에 짧은 반바지를 입고 엄지발가락 하나만 끼는 샌들을 신고 있었다. 순간 가슴이 철렁 내려앉았다. 사연을 물은 즉, 외박을 나왔다가 하도 축구경기가 보고 싶어 무작정 서울로 왔다는 것이다. 오죽이나 좀이 쑤시고 궁금했으면 앞뒤 가리지 않고 복무지 이탈까지 하면서 집에 왔을까. 이해는 되지만 만일 부대에서 알게 되면 큰일이 아닌가. 무사히 귀대할 때까지 들통이 나지 말아야 할 텐데 들통이 나면 어쩌지. 걱정이 되기 시작하면서 온몸에 힘이 쏙 빠져나가며 일이 손에 잡히지 않는다.

아이는 부모의 이런 걱정을 아는지 모르는지 오자마자 붉은 T셔츠에 'Be the Reds!'라고 쓴 붉은 띠를 머리에 질끈 동여매고서 친구와 함께 시청 앞 광장으로 뛰어나갔다. 그런데 더 큰 문제는 아이가 뛰어나가고 나서였다. 아이가 뛰쳐나가고 얼마 안 있어 텔레비전에서 서해에 전쟁이 일어났다는 뉴스가 보도되었다. 바로 그날이 '연평해전'이 일어난 날이다. 북한 측 군함이 NLL을 넘어와 우리 측 해군을 먼저 공격하여 서해상에서 교전이 벌어졌는데 우리 측에 적잖은 전사자와 부상자가 생겼다는 것이다. 자칫 잘못하면 전쟁으로도 확대될 수 있었던 사건이었다. 이러한 때 복무지 내에 있어야 할 군인이 엉뚱한 곳으로 이탈한 사실을 알아봐라 어찌 될 것인가? 가슴이 울렁거리고 머리가 지끈거리면서 정신이 혼미해진다.

이 일을 어찌 하면 좋단 말인가! 차라리 중대장님께 전화를 걸어서 미리 이실직고를 하는 편이 더 낫지 않을까, 아니야, 모르고 있는 사실을 미리 알려서 긁어 부스럼을 낼 필요는 없지, 조용히 있다가 내일 오후까지 아이를 무사히 부대까지 보내만 주면 되는데…. 어느새 나는 아들과 한통속이 되어 완전 범죄를 꿈꾸고 있는 것이다. 다행히 서해교전은 더 이상 확대

되지 않았다. 그리고 휴가 나간 군인들을 귀대시키라는 최악의 시나리오는 발생하지 않았다.

그런 사실을 아는지, 모르는지, 아이는 다음날 새벽이 되어서 땀범벅이 되어 나타났다. 왜 아니 힘드랴! 밤새도록 오죽이나 먹고 마시고 떠들었을까, 아들은 오전 내내 식음을 전패한 채 죽은 듯이 널브러져 있다가 귀대할 마지노 시간을 남겨놓고 부스스 일어나 동서울터미널로 향했다. 올 때 입었던 예의 그 괴상한 옷차림으로. 나중에 안 사실이지만 그날 아들이 입고 온 옷은 화천읍에 있는 옷가게 아저씨에게 사정해서 외상으로 얻어 입고 온 것이란다.

작은아들은 평소에도 잔꾀를 잘 부리고 하고 싶은 일은 죽어도 못 참는 아이다. 한마디로 철이 없다. 하지만 그때의 일은 순전히 철없는 아들의 잘못으로만 돌릴 수는 없는 일인 것 같다. 지금 저 위에 편지 내용은 내가 봐도 충분히 사람을 흥분시키기에 알맞은 내용이다. 내 딴엔 군대 간 아들이 월드컵 기간에 쓸쓸해 할까봐 내 나름대로 아들에게 거리 분위기를 소상하게 스케치해 적어 보낸다는 것이 그만 아들을 자극시켜 서울까지 무단이탈을 하게 만들 줄은 꿈에도 생각지 못했다. 철없는 엄마에 철없는 아들이었다고나 할까?

아들아!

자네 어느덧 건장한 청년이 다 되었네 그려!
30년 전, 갑자기 자네가 배 속에서 툭툭 발길질 하면 깜짝
놀라 가던 걸음 멈춘 적이 한두 번이 아니었네
첫 울음 터뜨리며 세상에 박차고 나왔을 때 자네 모습 기억
나나. 그때 자네 모습은 귀엽고 앙증스러웠다네
다부지게 다문 작은 입술, 나즈막한 콧등, 꼭 쥔 두 주먹은
너무 사랑스러워 보고 또 봐도 질리지 않았다네
산고보다 더 고통스럽다는 젖몸살을 풀고 처음 자네를 품에
안던 날, 부끄러워 젖가슴을 풀지 못하고 우물쭈물할 때
자네가 고 작은 입술로 어미 젖꼭지를 힘차게 물지 않겠나
여자에서 엄마로 바뀌는 신비한 경험이었다네
그 후로 난 젖가슴 여는 일을 부끄럽게 생각하지 않았네

자네 기억나나?
밖에 나가 친구들과 어울려 놀다가도 슬그머니 들어와
어미 젖가슴을 한 번씩 만지고 나가던 일을
30년이 흐른 지금, 자네는 어엿한 청년이 되었고
나는 60을 바라보는 초로의 늙은이가 되었네
집중력도 떨어지고 청력도 우둔해지고
시력도 가물가물 매사에 자신이 없다네

고등학교 학창 시절에 자네가 하던 말 기억하나?
내 인생에 간섭하지 말라던
눈망울이 포도송이처럼 검고 컸던 귀여운 아이가
사춘기에 접어들면서 변하기 시작하였다네
말이 없고 우울한 아이가 되어 갔다네
하루하루 수렁으로 빠져드는 자네를 지켜보는 어미의 마음은
까맣게 타들어가 숯검댕이가 되었다네
지금도 자네는 자식의 인생과 부모의 인생이 별개라고 생각하나?
천륜지간이 가른다고 갈라지는 것인가
자네도 장가가고 자식 낳아 길러보면 알걸세
자식은 눈에 넣어도 아프지 않은 거라네
자식에게는 아까운 것 없이 다 주고 싶은 거라네

부모가 자식 잘되라고 하는 말을 참견이라 하고 잔소리라 하
면, 이 세상 누가 자식 낳아 기르겠나
요즘 젊은이들은 자식 낳아 기르는 것이 힘들어서
자식을 안 낳는다고 하던데
우리는 그런 계산 해본 적이 없다네
자네를 가졌을 때
천하를 얻은 듯 남산만한 배를 자랑스레 내밀고 다녔고
꽃들은 모두 나를 위해 피어있는 것 같았다네
많고 많은 사람 중에 자네가 이 못난 어미를
어버이로 택해 이 세상에 나와 주어 고맙네
자네로 인해 이 세상 기쁨을 알았고
자네로 인해 이 세상 고통도 알았네.
나를 철들게 했고, 그로 인해 나를 낳아준 어버이의 은혜를
진정으로 알게 되었네.

세상만사는 보는 눈에 따라 달라지는 거라네
부정적으로 보면 우울한 회색빛이지만
긍정적으로 보면 살아 볼 가치가 있는 아름다운 곳이라네
부모와 자식지간도 마찬가지라네
사랑도 연습하면 더 큰 사랑으로 키울 수 있듯이
마음의 문을 닫으면 점점 더 멀어지고

마음의 문을 열면 애틋해지고 신뢰감이 쌓여가는 거라네
나는 자네가 언젠가 꼭 큰 사람이 되리라 확신하네
인생에 늦은 시기란 없는 거라네
서두르지 말고 확고한 믿음을 가지고 한 발자국씩 나가시게
엄마! 부르며 환한 미소 짓는 그날이 오리라 확신하며
항상 현관문 빗장을 지르지 않겠네.

6.

적당히 늙은 지금이 좋다

40년 만의 해후

 한바탕 꿈을 꾼 것 같다. 혼자 있어도 미소 짓는 시간이 많아졌다. 눈감으면 아른거리는 몸짓, 깔깔거리는 웃음소리, 그 뒤에 감추어진 슬픈 눈망울까지.
 40년 만의 해후! 여고 동창생들의 만남, 이는 분명 흥분되는 일이다. 그가 학창 시절에 친했건, 친하지 않았건, 같은 반이었건, 그렇지 않았건 만나면 덥석 손부터 잡고 다정히 안부를 물을 수 있는 건 세월이란 묘약과 동문수학을 한 어릴 적 인연 때문이리라.
 40년 세월을 한 순간에 뛰어넘는 것은 쉽고도 어려운 일이다. 어떤 이는 만나자 마자 아무개야! 이름을 부르며 얼싸안고 반가워서 어쩔 줄 모르는가 하면, 어떤 이는 무색하게 변해버린 친구의 모습 앞에서 그 옛날 소녀의 얼굴을 찾느라고 안간

힘을 쓰기도 하고, 이리 보고 저리 봐도 한 오라기 기억조차 떠오르지 않는 친구의 얼굴 앞에서 엉거주춤 어설픈 미소만 짓는 이도 있다.

육십이 다 된 친구를 보며 "얘, 너 그대로다!" 하면 남들은 웃겠지만 너무도 옛 모습이 또렷이 남아있는 친구를 보면 그 말이 저절로 나온다. 그런가하면 너무도 참혹하게 세월이 지나간 흔적이 역력한 친구 앞에선 할 말이 없다. 벌써 몇몇 친구들은 돌아오지 못할 강을 건너갔다. 유명을 달리한 친구들의 이름을 한 사람 한 사람 호명할 때마다 소름이 오싹오싹 끼쳤다.

여고 동창모임의 백미는 뭐니 뭐니 해도 반 대항 장기자랑이다. 어디서나 끼 있는 아줌마들의 재치는 톡톡 튄다. 머리에 붉은 악마 도깨비 뿔을 쓰고 엉덩이를 흔들며 꼭짓점 댄스를 추던 모습은 평생 못 잊을 거다. 여자의 일생을 연출한 가장행렬도 폭소를 자아냈는데 얌전한 내 친구가 임신부로 나와 더욱 웃겼다. 홈드레스 속에 커다란 소쿠리를 넣어 불쑥 튀어나온 배를 내밀고 걷는 모습은 가관 중에 가관이었다. 하와이 훌라춤은 벌거벗고 추는 야한 춤인 줄 알았는데 하와이에서 온 우리 친구 복선이가 추는 춤은 귀부인처럼 우아하고 품위가 있었다. 합창을 수화(手話)와 함께 한다고 큰소리 친 반은 달랑 세 사람만 수화를 했는데 그래도 끝까지 애초부터 세 사람만하기로 계획된 무대였다고 벅벅 우기는 모습이 학창 시절로 돌아간 여학생 같아 귀여웠다. 야쿠르트 아줌마 모자에 연분홍빛 머플러를 목에 두르고 고교 시절 합창대회 때 불렀던 지정곡을 부른 우리 반은 참석률은 가장 높았지만 너무 모범생들 같아서 인기가 없었다. 장기자랑은 무조건 재미있고 웃겨야 한다. 한 마디로 망가져야 한다.

마지막 댄스타임! 모든 파티의 피날레가 댄스파티라는 걸 왜 모르겠는가. 하지만 우리는 이 시간이 영원히 지속될 것처럼 웃고 떠들며 신나게 춤을 추었다. 그동안 열심히 갈고 닦은 무지개 댄스팀의 춤 실력도 대단했지만 모든 친구들이 가장 신나게 추었던 춤은 역시 학창 시절에 유행했던 트위스트였다.

드디어 이별의 시간이 다가왔다. 손에 손을 잡고 둥글게 원을 그리며 '석별의 정'을 노래하자 눈시울이 붉어졌다. "잘 가!" 마지막 인사를 나누며 친구의 등을 토닥여 주는 모습은 세상에서 가장 아름답고 정겨운 장면이었다. 헤어짐이 아쉬워 두 눈에 눈물이 가득 고인 친구도 있었다. 웃고 떠들다보니 약속된 시간은 잘도 흘러갔다. 회장이 폐회식을 선언하자 조금 전까지 헤어짐이 아쉬워 눈시울이 젖어들던 친구들이 딴 사람으로 변하기 시작했다. 행여 잊을세라! 기념품으로 받은 쇼핑백을 부리나케 챙겨가지고 각자 왔던 자리로 뿔뿔이 흩어져 갔다. 친구의 자리에서 주부의 자리로, 아내의 자리로, 어머니의 자리로 돌아가는 순간이었다.

파티란 원래 그런 것이다. 막 내리고 조명 꺼지면 원래 제자리로 돌아가는, 고무줄의 탄성 같은, 그래서 조금은 서글픈….

애들아! 어디서 무엇을 하고 살던지 행복해야 해! 그리고 건강해야 해!

다시 만날 때까지 안녕…~!

백송 할아버지

　빛나는 졸업장과 함께 교문을 나선지 어언 40년, 내가 3년 동안 무거운 책가방을 들고 아침저녁으로 만원 버스에 시달리며 다니던 C여고는 재동에 있었다. 얼마 전, 개교 60주년 행사가 재동 옛 건물터에서 열린다고 하여 가 보았더니 옛날 모습은 온데간데없고 엄숙한 분위기가 물씬 풍기는 헌법재판소 석조건물이 위압적인 모습으로 머리 위에 허옇게 서리 내린 여학생들을 맞이하고 있었다.
　생전 처음 큰절 하는 법을 배웠던 생활관도, 바위고개에 맞춰 왈츠를 추던 강당도, W관이라고 불리던 음악실도, 나지막한 도서관도, 그 옆에 더욱 납작하게 엎드려 온갖 꽃을 피워 내던 온실도, 방과 후 목탄가루를 휘날리며 아그리파 석고상 앞에서 고심하던 미술실도, 모두 사라지고 정다운 백송나무만

이 그 자리를 지키고 서 있어 옛날에 우리가 드나들던 모교임을 말해주고 있었다.

　재동의 백송나무는 현재 천연기념물 제8호로 지정되어 있다. 600년의 수령을 자랑하며 전국을 다녀 봐도 이만큼 잘생기고 늠름한 기상을 가진 나무를 보지 못했다. 수피가 흰 것도 특색이지만 밑 부분부터 두 갈래로 갈라져 V자를 그리며 시원하게 뻗어 올라간 기상은 보는 이로 하여금 엄숙함과 신비로움을 자아내게 한다. 학창 시절 어쩌다 저녁 늦게 백송나무 아래를 지나칠 때면 왠지 모를 두려움에 걸음을 재촉하여 뛰어가곤 했는데 그 두려움은 바로 600년 노거수에서 뿜어져 나오는 위엄 때문이 아니었나한다.

　예나 지금이나 수다 떠는 버릇은 조금도 줄지 않은 늙은 여학생들을 말없이 굽어보고 서 있는 백송나무가 오늘따라 더 늙어 보인다. 원산지 중국에서 건너와 조선 초, 누군가에 의해 이 자리에 심겨져 600년의 풍상을 견뎌왔으니 이 백송나무야말로 조선의 산 증인이요 재동의 산 증인인 것이다. 이제부터는 이 백송나무를 백송 할아버지라고 불러도 될 것 같다.

　백송 할아버지는 600년 동안 이 자리를 지키며 조선 500년 역사의 영욕을, 8·15 해방의 감격을, 6·25의 참상을, 4·19의 함성을 놓치지 않고 다 듣고 보았을 것이다. 내가 입학시험을 보러 왔을 때 남몰래 교문 뒤에 슬쩍 붙여놓은 엿 조각까지도….

 '백송 할아버지! 그날 엿을 붙인 것은 내가 하고 싶어서 한 짓이 아니어요. 그렇게 해야 합격을 한다고 하니 어쩌겠어요. 모두 다 엄마와 점쟁이가 시켜서 한 짓이어요. 아, 그러고 보니 한 가지 더 생각나네요. 빨강색 속내복을 입어야 붙는다고 해서 시험 치는 날 빨강색 내복을 입고 갔던 것. 앗! 그거까지 할아버지는 이미 다 알고 계신다고요? 암튼 엿 때문인지, 빨간 내복 때문인지, 실력 때문인지는 몰라도 합격했기에 할아버지와 내가 만난 거예요. 백송 할아버지 오래오래 건강하세요.'

바퀴를 갈아 끼우다

명예퇴직을 한다고 하니까 만나는 사람마다 묻는다.
"퇴직 후에 뭐 할 계획이세요?"
마음을 굳힌 지 오래지만 느닷없이 이런 질문을 받으면 당황스럽기 그지없다. 그래서 적당히 그 자리를 모면하려고 "뭐 계획이랄 거 있나요 바람 부는 대로 물결치는 대로 따라 놀아야죠." 대답하면 상대는 또 이렇게 집요하게 붙잡고 늘어진다. "노는 일도 하루 이틀이죠 퇴직해서 석 달만 지나보세요, 모두 후회한대요."
그러니 날더러 어쩌란 말인가. 평양감사도 저 싫으면 그만이라는데 마음이 떠난 교단에서 하루하루 아이들과 씨름하는 일도 지겹고, 아침에 화장하고 옷 갈아입고 시간에 쫓기며 출근하는 일도 귀찮고, 하루 종일 컴퓨터 모니터만 바라보며 책상 앞에 앉아 있는 일도 벅차고, 이 정도면 빨리 떠나는 것이 상책이지 않는가. 그러나 실은 교직을 떠난 후에 뭘 하며 남은여생을 보낼 것인지에 대해 구체적으로 계획을 세운 건 아니다.

막상 퇴직을 하고 보니 '있는 건 시간 밖에 없다'란 말이 딱 어울릴 정도로 하루 24시간이 주인 처분만 바라고 뱅뱅 돈다. 평생 이 많은 시간을 어떻게 요리한단 말인가, 난감하다. 자신만만하게 학교 교문을 등지고 나온 때가 바로 엊그젠데 말처럼 생각처럼 쉽지 않다.

뭐부터 시작할까? 궁리 끝에 생각해 낸 것이 체력단련 운동이다. 매달 통장으로 연금이 꼬박꼬박 들어오는 귀한 몸이니 우선 건강부터 챙겨야하지 않는가. 한 가지 운동이라도 꾸준히 하는 게 좋을 것 같아 지역 신문이나 복지관에서 보내주는 정보를 훑어보았더니 어떤 것은 시간이 안 맞고 어떤 것은 종목이 안 맞고, 하여 몇 날 며칠 심사숙고 끝에 고른 것이 국선도(國仙道)다.

첫날 헐렁한 청색 도복을 입고 백색 띠를 허리에 매고 엉거주춤 서 있을 때만 해도 내가 국선도 예찬론자가 될지 꿈에도 몰랐다. 어느 정도 하다가 싫증나면 집어치우리라 생각했는데 날이 가고 해가 거듭될수록 국선도에 푹 빠져 들었다. 어떤 이는 국선도가 이상한 종교단체라고 하는데 그건 말도 안 되는 소리다. 우리를 가르치는 사범님은 부부가 모두 가톨릭 신자이고 30여 명의 회원들이 각자의 종교를 가지고 있다.

 국선도는 우리나라 고유의 심신 수련 운동이며 신라시대에는 화랑도들이 즐기던 운동이다. 인도에 요가가 있다면 우리나라엔 국선도가 있다. 전조신, 단전호흡, 후조신으로 나뉘어 1시간 10분 정도 운동을 하고 나면 온몸에 땀이 촉촉이 배어나고 몸이 가벼워지는 걸 느낀다. 스트레칭과 가벼운 근육운동을 겸한데다 심신을 안정시켜주는 단전호흡이 나이든 사람에게는 안성맞춤인 것 같다. 붉은 띠를 맨 선배들을 바라보며 나는 언제 저런 띠를 맬 수 있을까 부러워했는데 어느덧 내 허리엔 붉은색 하고도 파란 줄이 한줄 더 그어져 있는 제법 고단자가 매는 허리띠를 하고 있다. 일 년 후, 청색 띠를 매게 되면 승단 기념으로 떡 파티를 할 계획이다.

 두 번째로 택한 것이 국립 중앙박물관에서 사회교육으로 실시하는 박물관 교실이다. 우스갯말로 교직에 있다 그만두면 필수코스로 제일 먼저 거쳐야하는 곳이 박물관 교실이란 말이 있듯이 박물관 교실은 인기가 높다. 31년 동안 가르치는 입장에서 있다가 처음으로 가르침을 받는 입장이 되어 편안한 의자에 앉아 부담 없이 남의 강의를 들으니 어떤 강사가 준비된 강의를 하는지 또 어떤 강사가 준비 없이 시간만 때우는지, 어떤 강사의 강의가 재미있고 어떤 강사의 강의가 지루한지 한눈에 보이면서 그동안 나는 어떤 교사였는지 되돌아보는 기회가 되었다. 그러나 이제 반성을 한들 무슨 소용이 있는가, 강단에 설 기회가 없는데. 더욱 아쉬운 점은 이렇게 유익하고 훌륭한 강의를 재직 시에 들었더라면 수업에 바로 연결시켜 질 높은 수업이 되었을 텐데 하는 점이다. 특히 사회과 교사들에겐 꼭 권하고 싶은 강의다.

세 번째로 택한 것이 국민대학 평생교육원 프로그램 중에 하나인 '숲해설가 초급과정'이다. 꼭 숲해설가가 되겠다는 생각보다는 그저 자연에 대해 좀 더 알고 싶고 주변에서 흔히 볼 수 있는 나무와 풀들이 무슨 이름을 갖고 있으며 어떤 특징을 갖고 있는지 조금 더 가까이 다가가고 싶어 택한 공부다. 그러나 숲해설가 과정이 내 생각대로 호락호락한 공부가 아니다. 환경 문제로부터 시작하여 산림경영학, 생태학, 토양학, 곤충학, 식물 분류학 등 아카데믹하고 복잡한 내용들이 많다.

역사라는 학문 하나 가지고 평생을 우려먹고 살아온 나로서는 새로운 분야에 도전한다는 것 자체가 매우 흥미롭고 신선한 일이었다. 비록 석 달이라는 짧은 기간이었지만 오랜만에 낭만이 흐르는 대학 캠퍼스 교문을 드나들며 흘러간 청춘의 한 시절을 회상하는 재미도 삶의 청량제가 되어 즐거웠다. 문제는 강의실을 나서면 까맣게 잊어버리는 건망증이다. 들을 때는 고개까지 끄덕이며 이해를 했으나 돌아서면 무얼 배웠는지 구름 걷힌 빈 하늘처럼 텅 빈 머릿속이 되니 괜한 헛수고를 하는 게 아닌가 하는 자괴감에 사로잡힐 때가 많다. 젊어서는 의욕과 몸이 함께 따라가지만 나이를 먹으니 의욕과 몸이 따로 논다. 공연히 기억도 하지 못하는 공부하느라 그나마 남아있는 머리카락 뽑히지 말고 건강 챙기고 즐겁게 노는 것이 상책이라고 비아냥거리는 친구도 있지만 포기하기에는 아직 이르다. 할 수 있는 데까지 해보고 포기해도 늦지 않으니까 말이다.

　얼마 전, 세간을 떠들썩하게 만들었던 90노인의 얘기가 새삼 떠오른다. 65세까지 택시 운전을 하며 자녀들을 훌륭하게 키워낸 노인이 90세 생일을 맞으며 "내가 인생을 잘 못 살았다"는 폭탄선언을 한 것이다. 그리고 그 이튿날부터 새롭게 시작한 것이 일기쓰기였다. 며칠 저러다 마시겠지 했던 자녀들이 석 달, 넉 달, 일 년이 지나자 아버지의 일기장을 훔쳐보게 되었고 그 결과 마음 깊은 곳에서 우러나오는 삶의 진솔한 이야기에 감동을 받아 자녀들이 아버지의 일기를 책으로 엮어 세상에 내놓게 되었다는 것이다.

　평균수명이 길어짐에 따라 인생을 2모작 하라는 말은 흔한 얘기가 되었다. 앞으론 3모작, 4모작도 해야 할 판이다. 're-tire'란 말은 '물러나다' '은퇴하다'란 뜻도 있지만 '바퀴를 갈아 끼우다'는 뜻도 있다. 내가 앞으로 문화유산 해설가로 살아갈지, 숲해설가가 될지, 수필가로 명성을 날릴지, 그것은 아무도 모른다. 그렇다고 이런 일들을 꼭 하겠다고 욕심을 부리는 것은 아니다. 다만 내 앞에 허락된 삶이 얼마인지 모르나 그때까지 시간을 허송하지 않고 열심히 살면 노후의 생활이 무료하지 않을 뿐더러 삶을 허락해 준 절대자에게도 부끄럽지 않을 거라는 생각이 든다.

  2월이면 교직을 떠나온 지 3년이 된다. 누군가 나에게 퇴직해서 가장 즐거운 일이 뭐냐고 물으면 서슴지 않고 '낮잠 자는 즐거움'이라고 말할 거다. 점심시간 후 밀려드는 식곤증으로 눈꺼풀이 천근만근 내려앉을 때 책상에 엎드려 단 5분 만이라도 눈을 붙이면 살 것 같았던 그 절박했던 낮잠에 대한 소원을 요즘은 마음껏 풀며 산다. 침대에 누워 낮잠을 잘 정도면 상팔자 아닌가. 다시 누군가 후회되지 않느냐고 물으면 그때도 이렇게 말할 거다. 쳇바퀴 속의 다람쥐는 상수리나무를 마음대로 오르내리는 다람쥐가 누리는 자유의 참맛을 모른다고….

가을 단상

　생전 물러갈 것 같지 않은 기세로 그렇게 열정적으로 대지를 뜨겁게 달구더니, 보라! 하루아침에 서늘한 바람으로 바뀌지 않았는가. 엊저녁엔 여름내 발밑에 천덕꾸러기처럼 밀쳐놨던 홑이불자락을 슬그머니 끌어당겼다. 뭐, 인생이 다 그런 것 아니겠는가. 젊은 사람에게 물어 보라. 20년, 30년 후에 늙어 있을 자신의 모습을 상상할 수 있냐고. 젊을 땐 절대 모른다. 자신은 예외라고 생각한다. 젊었을 적엔 나도 그랬다. 병들고 늙고 추해지는 것은 모두 자신이 관리를 게을리 했거나 잘못 살았기 때문이라고 생각했다.
　어느 날 서늘하게 옷깃을 스치는 가을바람처럼 슬그머니 다가온 인생의 가을을 맞이하고 보니 회한이 서리고 만감이 교차된다. 나름대로 열심히 살았다고 생각했는데 이룬 것이 너무 없다. 자식농사도 그렇고, 가정경영도 그렇고, 사회생활도 그렇고, 뭐 하나 딱 부러지게 성공한 것이 없다. 그래도 어쩌겠는가? 내 인생인 걸, 앞으로 남은 인생도 시나브로 흘러갈 것이다. 갑자기 눈먼 돈이 굴러들어와 부자대열에 들겠는가, 갑자기 백마 탄 신사가 나타나 인생의 후반부를 장밋빛으로 물들게 하겠는가, 슬며시 찾아온 가을처럼 인생의 겨울도 예고 없이 찾아올 것이다.

덧없이 흘러간 인생의 봄은 부모님 밑에서 세상물정 모르고 자랐고, 절정기인 인생의 여름은 너무 뜨겁고 축축하고 바람 불고 원망스러워서 세월이 뒤로 가는지 앞으로 가는지 정신없이 보냈고 이제 좀 인생의 의미를 알 것 같고 마음의 여유도 생겼는데 낙엽이 뚝뚝 떨어지니 왜 아니 허망하겠는가.

나는 아직 닥쳐올 겨울에 대해서는 생각하지 않으려고 한다. 이미 흘러가버린 인생의 봄과 여름은 어쩔 수 없지만 지금 내 곁에 머무르고 있는 인생의 가을만큼은 덧없이 흘러가지 못하도록 꽁꽁 묶어 둘 작정이다. 되도록 오래 머물러 있도록 말이다.

요즘은 빠르게 흘러가는 세월의 속도에 현기증을 느낀다. 시속 60킬로에 가속도까지 보태져서 쌩쌩 달려가는 세월이 두렵다는 생각이 든다. 내일은 70킬로, 모레는 80킬로, 그러다 어느 날 종착역에 닿을 것이다. 국민 가수 현철이 구성진 목소리로 부르는 '청춘을 돌려다오~'의 구슬픈 가락이 가슴을 적시고 눈시울이 뜨거워지는 걸 보면 늙긴 늙었나 보다. 덧없이 흘려보낸 젊은 시절이 안타깝고 서글프다는 생각까지 드는걸 보면….
 아, 옛날이여!

엄마의 가을앓이

 극성스럽게 울어 젖히던 풀벌레소리가 한풀 꺾였다. 편대를 지어 푸른 하늘을 제멋대로 날아다니던 고추잠자리들도 기운이 빠졌는지 마른가지 위에 앉아 쉬고 있다. 짓궂은 바람이 흔들고 갈 때마다 화들짝 놀라 자리를 옮긴다. 그 꼴도 보기 싫다. 어떤 놈은 살며시 다가가 꼬리를 붙잡아도 눈치를 못 챈다. 눈치도 늙었나 보다. 꼭 나와 같다.
 괜스레 서글퍼진다. 어디론가 한없이 떠나고 싶다. 슬픈 일이 있어서가 아니다. 목적지가 있어서도 아니다. 까닭모를 슬픔이 심연으로부터 솟구쳐 올라 창문을 닫고 있어도 찬바람이 가슴속으로 밀려들어온다. 바야흐로 가을앓이가 시작되려나 보다.
 흔히 가을을 남자의 계절이라고 부른다. 봄바람 난 여인이란 소리는 들어봤어도 가을바람 난 여인이란 말은 귀에 익숙지 않다. 그만큼 가을은 남자들이 외로움을 타고 쓸쓸해하는 계절이다. 그러나 나는 여자인데도 불구하고 이런 통념에서 예외다. 남자들 이상으로 가을을 타고 가을을 좋아한다.

어릴 적, 가을의 문턱에만 서면 어머니가 늘 입버릇처럼 하시던 말씀이 오늘따라 귀에 쟁쟁하다.

'여자들은 개나리 진달래꽃이 필 때 마음이 들뜬다고 하지만 나는 가을 들판에 누렇게 벼이삭이 익고 갈대가 너울너울 바람에 휘날릴 때가 가장 마음이 흔들리더라. 그리고 어디론가 한없이 떠나고 싶단다.'

어려선 그게 무슨 뜻인지 몰라서 무심히 흘려버렸는데 지금 내가 엄마 나이가 되어 생각하니 그것은 황혼기에 접어든 한 중년여인의 푸념이요, 낭만이요, 센티멘털이었던 것이다. 그렇다고 엄마가 집을 떠나 훌훌 다니신 적은 한 번도 없었다. 그저 마음이 그렇다는 것일 뿐, 여덟 남매 뒤치다꺼리에 한시인들 집을 비울 수 있었겠는가. 아침만 되면 초등학생서부터 대학생까지 등록금 달라, 용돈 달라, 차비 달라, 준비물 사 달라 정신을 쏙 빼는데….

몇 년 전까지만 해도 온 산에 울긋불긋 단풍이 들면 예의 그 푸념을 되풀이 하시던 어머니가 무릎 관절 수술을 받은 이후로는 푸념이 쏙 들어가셨다. 몸이 늙으니까 마음도 늙나보다. 이때쯤 친정에 가면 어김없이 볼 수 있던 노란 국화도 이젠 볼 수가 없다. 어머니가 거동하지 못하니까 사다 놓는 사람도 없다.

　가을만 되면 어디론가 훌쩍 떠나고 싶어 안달이 난다는 그 못 말리는 가을앓이를 셋째 딸이 이어받았나 보다. 며칠 전부터 마음이 싱숭생숭 들뜨고 먼 하늘로 자주 눈길이 간다. 보도 위에 낙엽이 뒹굴고 먼 산에 단풍이 울긋불긋 물들면 어디론가 떠나고 싶어 안절부절못한다. 수업을 하다가도 창 너머로 교정의 은행나무가 노랗게 물든 것을 보면 당장 교문을 박차고 나가 기차에 오르고 싶은 충동을 수십 번도 더 느꼈다. 그러나 나 역시 한 번도 여유 있는 가을여행을 떠나 보지 못했다.

　퇴직 후 가장 먼저 해 보고 싶은 것이 무엇이냐고 물으면 나는 서슴지 않고 가을여행이라고 말할 것이다. 가을을 목말라 하고 가을을 사랑하고 가을을 보내기 싫어 마음으로 우는 감정도 어찌 보면 일종의 정신적 유산이다. 아름다움을 보고 감탄하지 못하고 쓸쓸함을 보고 허무를 느끼지 못한다면 메마른 막대기와 무엇이 다르랴. 배고픈 소크라테스와 배부른 돼지 중 한 가지를 택하라고 한다면 난 아직은 배고픈 소크라테스를 택할 것이다. 이제부터는 가을앓이도 어머니가 나에게 물려주신 소중한 정신적 유산으로 생각하고 보다 승화된 가을앓이가 되도록 힘써 보련다.

　우선 내일 당장 어머니가 좋아하시는 노란 국화 화분을 사들고 친정어머니를 찾아뵈어야겠다. 그리고 가까운 교외로 모시고 나가 단풍 구경을 시켜 드려야겠다. 돌아오는 길에는 풍광 좋은 곳에 자리 잡은 카페에 들어가 어머니와 함께 커피도 마셔야겠다. 이렇게 엄마와 함께할 수 있는 가을이 몇 번이나 남았을까?

노세, 노세, 젊어서 노세!

 요 며칠 시도 때도 없이 입 밖으로 튀어나오는 노래가 있다.
"노세, 노세, 젊어서 노세, 늙어지면 못 노나니, 화무는 십일
홍이요, 달도 차면 기우 나니라…."
 흥얼거릴수록 노래 가사에 빠져들게 되고 가사에 빠져들수록
노래에 담긴 의미가 새로워진다. 젊어서는 이 노래를 할일 없
는 노인들의 푸념인 줄 알았다. 놀려면 자기네들이나 놀 것이
지 왜 바쁜 젊은이더러 놀라고 아우성이야, 얼씨구절씨구 차차
차는 다 뭐야 유치하게. 그런데 요즘은 이 노래의 가사가 새록
새록 가슴에 와 닿는다.
 크게 성공한 인생은 아니지만 과오 없이 31년간 교단에서
제자를 길러 사회로 내보냈고, 시부모님 모시며 아들 둘 건강
하게 키워 사회로 내보냈으니 이만 하면 열심히 살았다고 말

할 수 있지 않은가. 그래서 이제부터 좀 놀아보려 하는데 정작 몸이 말을 들어주지 않는다. 조금만 걸어도 숨이 차고 걸핏하면 넘어지기 일쑤고 오르느니 혈압이요 느느니 군살이라 놀기는커녕 제 한 몸 간수하기조차 힘들다.

친구 모임에 나가면 식후에 너나없이 약병을 꺼내든다. 고혈압, 당뇨약은 기본이고 위장약, 심장약, 종합비타민, 뼈에 좋다고 하는 글루코사민까지 약 이름도 가지가지다. 무슨 병에는 무슨 약이 좋고 어디가면 누가 용하고 저마다 병 자랑 약 자랑으로 한바탕 법석을 떨고 나야 모임이 끝난다.

몸은 그렇다고 치자. 몸이 시들어짐에 따라 마음도 시드는 것을 어이하리. 누가 뭐라 하지 않아도 괜스레 주눅이 들고 자신이 없어지고 눈치를 보게 된다. 안 그런 척 당당해 보이려고 애쓰지만 그럴수록 초라해지는 나 자신은 속일 수가 없다. 옷을 입어도 젊었을 때처럼 예쁜 태가 나지 않고, 노래를 불러도 감칠맛이 없고, 춤을 춰도 나긋나긋한 맛이 없고, 너무 튀어도 흉이 되고, 그렇다고 구석에 조용히 있으면 화난 사람처럼 보이고, 이럴 수도 저럴 수도 없는 입장이 나이 먹은 사람의 입장이다. 그래서 늙음은 서럽다고 하였나 보다.

10여 년 전 어느 후배의 권유로 사찰 법회에 참석한 적이 있었다. 세월이 흐르면서 대부분 기억에서 사라졌지만 지금도 마음 한 자락에 남아 있는 구절은 "인생은 즐겁게 놀면 되는 거야." 하시던 스님의 말씀이다. 자신이 사찰에서 수양을 하고 도를 닦는 일도 즐거워서 노는 일이라 하셨다. 그때는 그 말이 얼른 이해가 가지 않았으나 나이가 들어갈수록 스님의 말이 이해가 간다. 힘든 일도 즐겁게 하면 힘이 덜 들고 공부도 즐겁게 하면 훨씬 능률이 오른다. 비단 일과 공부뿐이랴. 세상사가 모두 맘먹기에 달렸다는 것을 요즘에 와서 뼈저리게 느낀다.

'노세, 노세, 젊어서 노세'는 일 팽개치고 놀기만 하라는 말이 아니다. 그 속에는 젊은 날을 허송하지 말고 열심히 살라는 메시지가 들어 있는 것이다. 내 인생에서 가장 후회되는 일 중에 하나는 젊어서 외국어 공부를 열심히 하지 않은 것이다. 그때도 선생님들은 영어 공부를 열심히 해야 출세한다고 하셨으나 그땐 왜 그리도 그 말이 나와 상관없는 말로 들렸는지 모르겠다. 분명한 것은 학창 시절에 좀 더 영어 공부를 열심히 했었더라면 지금보다는 좀 더 나은 위치에 올라 있을 것이다. 그렇다고 지금에 와서 잘 살고 못 살고를 말하려는 것이 아니다. 젊은 날에 최선을 다하지 못한 나의 게으름과 어른 말을 가벼이 여긴 나 자신에 대한 후회일 뿐이지…

'노세, 노세, 젊어서 노세!'는 놀지 못해 환장한 늙은이들의 외침이 아니다. 그 속에는 속절없이 흘러가버린 젊은 날에 대한 그리움과 허무가 숨겨져 있는 것이다. 여고 시절, 수업에 들어오시는 선생님마다 "젊음은 그 자체만으로 아름다운 거다.

인생에서 가장 아름다울 때가 지금이다. 생머리에 화장하지 않은 얼굴이 얼마나 예쁜 줄 아느냐."하실 때마다 그 말을 삐딱하게 들었다. "쳇! 괜히 교칙 잘 지키라고 저러는 거지." 하지만 나 역시 어른이 되고 교단에 서보니 그때 그 스승님처럼 내 제자들에게 똑같은 말을 되풀이하고 있다. 그리고 학생들 얼굴 표정을 보면 40년 전의 내 모습과 똑같다. 그들도 나와 똑같은 생각을 하면서 똑같은 이유로 반발하고 있다는 것을 너무 잘 알고 있다.

누구나 자랄 때 귀가 닳도록 부모님이나 어른들에게 들은 얘기 중에 하나가 "너도 부모 노릇 해 봐라!" "너도 나이를 먹어 봐라!" 하는 소리일 것이다. 30년이 지난 지금 나 역시 내 자식들에게 똑같은 말을 되뇌고 있다. 물론 그들도 나처럼 "지겨워! 또 저 소리!" 하며 귀를 막고 있다. 그래도 속상하고 억장이 무너질 때 저절로 나오는 말이 그 소린 걸 어이하리. 그럼 뻔히 귀를 막는 줄 알면서도 되풀이하는 선생님이나 부모의 심리는 무슨 심리일까. 대답은 간단하다. 진리이니까.

나 역시 여느 젊은이들과 마찬가지로 젊어서는 진리를 알지 못했다. 이제 겨우 인생의 의미를 알 것 같은데 인생의 반환점을 돌아선 지 오래다. 젊어서는 막연한 미래에 대한 불확실성 때문에 밤을 뒤척이며 고민했고 중년엔 허리가 휘일 정도의 막중한 책임감으로 앞뒤 돌아볼 여유 없이 달리기만 했는데 나이

노세, 노세, 젊어서 노세!

들어 노년에 접어드니 그 많은 고민들과 무지갯빛 희망과 허리를 짓누르던 책임들이 다 어디로 사라졌는지, 어느 날 문득 거울 속에서 늙고 고독한 늙은이와 마주서게 되었다. 이래서 인생을 먼저 사신 선배님들이 인생은 잠깐 무대에 섰다 사라지는 연극과 같다고 하셨나 보다. 그리고 '노세, 노세 젊어서 노세!'라고 외치셨나 보다.

 10년 후, 오늘과 똑같은 푸념을 늘어놓지 않기 위해서라도 앞으로 남은 무대에서 더욱 열심히 놀아야겠다.

너도 늙어봐라

얼마 전, 친구 아들이 혼인을 한다고 하여 결혼식에 갔었다. 혼주라고 푸른빛 한복을 곱게 차려입고 신랑 부모 석에 다소곳이 앉아 있는 친구를 본 순간, 나는 30여 년 전의 풍경이 떠올라 실소를 금치 못했다. 어쩜 그리도 30여 년 전 그 친구의 엄마 모습과 꼭 닮았을까. 한편으로는 중늙은이로 변한 친구가 안됐다는 생각이 들었다. 어쩌다 세상 물정 모르던 철부지들이 시집을 가서 시부모 섬기랴, 남편 시중들랴, 자식 키우랴 정신없이 살다가 이제야 조금 세상을 알 것 같은데 어느새 세월은 단발머리 어린 소녀를 돋보기 없이는 신문도 볼 수 없고 금방 들은 얘기도 돌아서면 잊어버리는 늙은이로 만들었으니 어찌 슬프지 아니한가?

나이가 들면 누구에게나 노화현상이 찾아오지만 그중에서도 건망증은 피해 갈 수 없는 노화현상 중에 하나다. 하루 24시간 중에 물건을 찾느라고 보내는 시간이 점점 늘어나고 일상하던 일도 두서없이 허둥댈 때가 많다. 이러다 치매환자가 되는 것 아닌가 하는 방정맞은 생각이 들 때도 있지만 그럴 때마다 '나만 이런 게 아니야, 건망증은 현대인의 병이잖아' 하며 스스로를 위안한다. 하지만 날로 중증으로 치닫는 건망증 때문에 슬며시 겁이 난다. 맘먹고 깊이 넣어둔 물건일수록 찾느라고 애를 먹는다. 아침마다 주차시킨 자동차를 찾느라고 지하로 지상으로 뛰어다니는 일부터 시작하여 열쇠, 리모컨, 핸드폰, 책 등 종류도 가지가지다. 그런데 건망증과 꼭 함께 오는 것이 남을 의심하는 일이다. 찾다가 없으면 슬그머니 주변 사람들을 용의선상에 올려놓고 '혹시 저 사람이?' 한다. 그래서 옛날 사람들 말씀에 잃어버린 사람이 죄가 더 크다고 하셨나 보다.

　이제는 죽음에 대해서도 생각해 볼 때다. 어느 철학자의 말처럼 죽음은 어디서나 늘 심연의 아가리를 벌리고 있다고 하지 않는가. 그래서 요즘은 해외여행을 떠날 때 간단하게 유서를 써놓고 간다. 어느 날은 몇 개 되지 않는 패물까지 주변사람 이름으로 낱낱이 나누어 적은 적이 있다. 그런 다음 그 패물함지를 깊이깊이 넣어두고 길을 떠났다. 그리고 그 일은 까맣게 잊었다.

　여행을 무사히 끝내고 집으로 돌아온 후, 가슴속에 감동이 사라지기 전에 글을 쓰려고 집필에 몰두했다. 그러는 사이 무더운 여름이 지나고 서늘한 가을이 찾아왔다. 어느 날 문득 출근을 하려고 거울 앞에 섰는데 웬 낯선 중늙은이가 나를 바라보고 있는 것이 아닌가. 며칠 사이 부쩍 늙어 버렸다. 거칠어진 피부 때문이기도 하려니와 가을앓이로 심신이 수척해졌기 때문이리라. 기분전환도 할 겸, 허전한 목도 가려 볼 겸해서 늘 두었던 곳에 손을 넣어 보니 이게 웬일인가, 아무리 찾고 찾아도 진주목걸이가 보이지 않으니 말이다. 아예 패물함이 통째 보이지 않는다.

　가슴이 두방망이질 친다. 하루 종일 머릿속엔 패물함지만 왔다 갔다 할 뿐, 수업도 일도 손에 잡히지 않는다. 구석구석 찾아볼 곳은 다 찾아보았는데 어디로 숨었단 말인가. 순간, 머릿속을 스치는 생각 하나. '혹시 작은녀석 소행이 아닐까? 일전에도 서랍 속에 넣어둔 속옷 한 벌을 슬쩍 빼다가 여자 친구에게 갖다 줬잖아' 그렇게 생각을 하고보니 이번 일도 영락없이 작은아들 소행 같았다. '이 녀석 들어오기만 해 봐라!'

　한편 영문도 모르는 아들이 밤늦게 덜렁거리며 나타났다. 나는 아들을 보자마자 소리쳤다.

　"너, 엄마 반지 목걸이 누구 갖다 줬니?"

　눈만 껌뻑거리고 서 있는 아들 얼굴이 더욱 의심스럽다. 나는 속으로 '저것 봐 변명도 못하잖아, 저 녀석이 틀림없어' 더욱 의심스런 것은 아들의 말이다 "엄마, 그게 모두 진짜였어요?" 나는 부들부들 떨며 아들을 향해 소리쳤다. "그래, 다 진짜다!" 아들 표정이 점점 심각해지며 성큼성큼 안방으로 들어와 장롱 위며 서랍 속을 뒤지기 시작하는 것이 아닌가. 어럽쇼! 그럼 저 녀석의 짓이 아니란 말인가. 그럼 내가 멀쩡한 아들을 의심했나. 맥이 쏙 빠진다.

찾는 일처럼 사람을 지치게 만드는 일도 없다. 그로부터 사흘 후, 퇴근 해 집에 돌아와 지칠 대로 지친 몸을 소파 위에 내던지고 벌렁 누웠는데 갑자기 베란다에 놓여있는 플라스틱 걸레통으로 시선이 꽂히는 것이 아닌가. 걸레통은 엉뚱하게도 두 달 전 중국여행을 떠나기 전에 패물을 넣어놓고 간 장소였다.

'아들아! 정말 미안하다!' 보석에 눈이 어두워 보석보다 더 소중한 아들을 도둑으로 몰 뻔했으니, 육십도 안 돼 이렇듯 건망증이 심하니 앞으로 남은 세월을 어떻게 살아야 할지 참으로 난감하다. 젊은 사람들은 나이 먹은 이들의 건망증을 이해하지 못 한다. 나 역시 젊었을 적엔 시어머니의 건망증을 이해하지 못하여 오해를 많이 했었다. 금방 하신 말씀도 돌아서면 "내가 언제 그랬니!" 하는 통에 속상해 죽을 뻔했다. 그럴 때마다 시어머니는 빙그레 웃으며 "너도 늙어봐라!" 하시던 모습이 오늘따라 생각난다. 간절히.

그래서 늙는 길은 한길이라고 했나 보다.

나는 적당히 늙은 지금이 좋다

젊음은 비매품이다. 싱그러운 미소, 탄력 있는 피부, 윤기나는 머리카락, 지칠 줄 모르는 에너지, 이런 것들을 어떻게 돈으로 살 수 있겠는가. 그래서 더욱 소중하고 빛나는 것이다. 거리에서 활기차게 걸어가는 젊은이들을 보면 부럽다. 필시 나에게도 젊은 시절이 있었건만 지금의 나를 보면 믿기지 않는다. 어정쩡한 걸음걸이, 늘어가는 흰 머리카락, 까칠한 피부, 두루뭉술한 바디라인….

그렇다고 지금 누가 나를 10대 소녀 시절로 되돌려 보내준다고 하면 나는 단연코 'NO'라고 대답할 것이다. 잊었는가, 쉴 새 없이 쏟아지던 엄마의 잔소리와 선생님들의 잔소리를 또 지긋지긋했던 시험들을, 쪽지시험, 월말고사, 학기말 고사, 학년말 고사, 학력고사, 여기다 요즘은 듣기평가, 서술형시험, 발표

수업까지 늘어나지 않았는가. 어디 그뿐인가 학원은 학원대로 성적이 떨어지면 학교에서 금지된 체벌까지 가하고 정말 힘들고 고통스러운 학창시절이다. 그중에서 가장 스트레스가 큰 것은 대학입시다. 요즘도 대학입시가 어렵지만 내가 고등학교를 다니던 60년대에도 인기 학과는 경쟁이 치열했다.

어렵사리 대학에 들어가도 인생의 행복이 예약돼 있는 건 아니다. 정작 고민은 이때부터 시작된다. 취업 문제를 비롯하여 이성 문제, 결혼 문제 등 고민이 끊이지 않는다. 젊음은 아름답기도 하지만 아프고 불안하고 흔들림이 많은 시기다. 젊음은 늘 부글부글 끓는 용광로와 같아서 조용할 날이 없고 안식할 날이 없다. 짝사랑에 빠져 뜬눈으로 지샌 밤이 몇 날이며, 안개 속 같은 앞날의 불안감 때문에 방황한 날이 얼마며, 반쪽의 배우자를 찾아 헤맨 날이 얼마던가!

30대 40대도 여전히 힘들고 불안한 날들이 많았다. 자식을 낳아 길러본 사람은 다 알 것이다. 무한 경쟁 속에서 이겨야하고 눈치 봐야 하는 현실도 어렵지만 자식이 옆길로 빠져 말썽 부리고 책가방 내팽길 때처럼 속상하고 기막힐 때가 어디 있겠는가. 남편이 속 썩이고 시집식구들이 애 먹이는 것은 아무것도 아니다. 자식을 탈 없이 키워 반듯하게 사회에 내놓기가 그리 쉬운 일이 아니다.

60평생 지나온 삶을 되돌아보니 참으로 힘든 순간도 많았고 위험했던 순간들도 많았고 좌절하여 중심을 잃을 뻔한 일도 많았다. 다행히 그 힘든 순간들과 고비들을 넘기고 지금의 이 자리에 섰는데 다시 젊은 시절로 돌아가 지나온 세월을 다시 살라고 하면 누가 선뜻 그 길을 나서겠는가. 나는 그 뜨겁고 불안하고 흔들리는 길을 다시 걷고 싶지 않다. 나는 적당히 늙은 지금이 좋다. 세월이 또는 인생이 호락호락한 것이 아니다. 어느 것 하나 저절로 된 것이 없고 우연히 된 것이 없다. 이 정도 큰 과오 없이 늙어감이 다행이구나 싶을 때가 많다.

나이를 먹고 세상을 바라보니, 먹구름에 가렸다 잠깐 내비치는 햇살이 얼마나 소중한지, 이름 없는 풀 한 포기, 꽃 한 송이가 그 자리에 있기까지 얼마나 오랜 시간을 인내하며 기다려 왔는지 그 소중함을 느끼게 된다. 그뿐만이 아니다. 젊어서는 무심히 지나쳤던 사물들을 애정을 담아 바라보게 되고 오만과 편견에 빠져 미처 깨닫지 못했던 생각들도 나이 드니 넓어지고 유연해진다.

나이드니 편하고 풍성해지는 것이 또 있다. 우선 새로운 것을 시작하지 않아도 되는 편안함과 시간에 쫓기지 않아도 되는 느긋함을 비롯하여, 높이 오르려 경쟁하고 기 쓰지 않아도 되는 평온함, 상대편, 내 편, 골라서 줄서지 않아도 되는 평화로움, 미운 것 고운 것 편견 없이 바라볼 수 있는 너그러움, 사물의 또 다른 이면까지 바라볼 수 있는 여유로움, 애증의 갈등에서 벗어나 잔잔해진 마음, 이런 것들은 나이든 사람에게 신이 내려주는 프리미엄이 아닐까 싶다.

　나는 요즘 하루하루를 적당히 한가롭게 살아가고 있다. 너무 팽팽하지도 너무 느슨하지도 않은 스케줄 속에서 친구도 만나고 운동도 하고 취미생활을 즐기고 있다. 스케줄이 너무 많으면 몸이 피곤하고 식탁이 초라해진다. 또 스케줄이 너무 적어도 사회 속에 고립된 것 같아 우울증에 빠지게 된다. 적당이란 말은 하기 쉬워도 적당히 살아가기는 어렵다. 적당히 사회적 체면도 차려야 하고 적당히 부모역할도 해야 하고 적당히 건강도 지켜나가야 하니 이 또한 어렵다. 그래도 나는 늙지도 젊지도 않은 적당히 늙은 지금이 좋다. 여기서 세월의 벽시계가 딱 멈췄으면 좋겠다.

청송 사과밭에서

내 머리 속엔 아직도 대구하면 사과가 떠오른다. 초등학교 시절, 시험문제를 풀기 위해 각 지역의 특산물을 달달 외웠기 때문이다. 그러나 정작 대구에 가면 고층빌딩과 아파트만 즐비할 뿐, 사과밭은 별로 눈에 띄지 않는다. 오히려 대구보다 군위, 청송, 영주 심지어는 충북 제천으로 올라가도 사과밭을 많이 볼 수 있다. 그만큼 사과 재배지가 북쪽으로 올라갔다는 증거며 지구 온난화를 직접 눈으로 볼 수 있는 실례 중에 하나라 하겠다.

그중에서도 요즘 마트나 백화점 과일가게에 가면 가장 많이 눈에 띄는 것이 청송 사과다. 언제부터 청송이 사과의 주산지로 등극하였는지 모르겠지만 실제로 청송에 가면 온통 눈에 띄는 것이 사과밭이다. 사과꽃이 피는 4월 말에서 5월 초, 청송에 가면 온 산야에 흐드러지게 피어있는 사과꽃과 난분분하게 휘날리는 꽃잎에 정신이 아득해진다. 또 그 못지않게 마음을 사로잡는 것이 빨갛게 익은 사과가 주렁주렁 매달려 있는 가을풍경이다.

 이용의 '잊혀진 계절'이 거리마다 울려 퍼지는 10월말 무렵, 청송 사과밭에 초대받아 갔다. 남편과 농과대학 교수 시절부터 친분이 돈독했던 엄교수 내외는 퇴임 전 청송에 사과 농장을 마련해 두었다가 퇴임을 하자마자 전원생활을 하고 있다. 도시에서 나서 자란 사람들은 퇴임 후 한적한 시골로 내려가 전원생활을 해보는 것이 꿈이자 로망이지만 실제로 실행에 옮기는 사람은 그리 많지 않다. 농사일이 생각처럼 쉽지 않음은 물론, 도시생활에 젖은 생활습관과 얼기설기 얽힌 인간관계를 끊고 한적한 시골에 산다는 것이 현실적으로 쉽지 않기 때문이다. 그러나 엄교수 내외는 3년째 사과밭을 가꾸며 전원생활을 즐기고 있다. 그 덕택에 올해는 사과 따기 체험을 했다. 사과 따는 날, 농장에 와서 거들어주고 사과는 마음대로 가져가란다. 얼마나 고마운 일인가, 그런데 막상 사과가 주렁주렁 매달린 사과나무 앞에 서자 사과를 어떻게 따야 할지 난감하다. 무턱대고 따다가 애써 지은 사과농사를 망칠까 겁도 나고, 무언가 요령이 있을 것 같아 곁에서 일하는 남편을 슬쩍 넘겨다보니 벌써 능숙한 솜씨로 사과를 따서 상자에 담고 있다. 언제 이런 일을 배웠을까.

 남편이 일러주는 사과 따기 요령을 간추려 보면 이렇다. 흠집이 없고 빨갛게 익은 사과를 골라 한손으로 잡은 후 나뭇가지와 연결돼 있는 사과꼭지를 엄지손가락 끝으로 누르면 사과가 나무에서 떨어지는데 이때 사과꼭지를 떨어트리면 안 된다. 사과꼭지가 붙어있어야 신선도가 오래 유지되고 상품가치가 있기 때문에 사과꼭지를 꼭 붙인 채로 따야 한단다. 그렇구나, 역시 노하우가 있었구나. 뭐든지 남이 하는 건 쉬워 보여도 실제로 해보면 쉽지가 않다.

 그 다음은 농장주인 엄교수가 일러주는 사과 선별작업이다. 흠집이 조금이라도 있거나 크기가 작으면 출하시키는 상자에 담지 말고 사과나무 아래 풀밭에 내려놓으란다. 풀밭에 내려놓인 사과는 상품가치를 상실한 사과이기에 주스나 잼을 만드는 공장으로 헐값에 팔려나간다. 왜 똑같은 환경에서 똑같이 주는 물을 먹고 똑같이 주는 비료를 섭취하고 자랐을 텐데 어떤 사과는 백화점에 진열되는 비싼 상품으로 팔려나가고 어떤 사과는 잼 공장으로 헐값에 팔려 나갈까. 누구나 한입 베어 물고 싶을 정도로 붉고 탐스럽게 익은 사과가 있는가 하면, 썩어 짓무른 사과도 있고 또 무슨 이유인지 몰라도 푸르죽죽하고 성장이 멈춘 사과도 있고, 일그러진 사과도 있다. 마치 여러 유형의 인간군상을 보는 느낌이다. 자연계나 인간세계나 모두 적자생존의 원리가 적용되나 보다.

 선별 작업 중 가장 가슴 아픈 것은 나무랄 데 없이 잘 익은 사과에 새 부리 자국이 '콕' 찍혀 있는 사과다. 수확을 코앞에 두고 새가 와서 쪼아 먹은 것인데 참으로 아깝다. 새도 맛있는 걸 아는가 보다. 이렇게 잘 자라기 위해 봄부터 가을까지 사과나무는 얼마나 많은 역경을 견뎌 왔는가. 그런데 종착역에 와서 출하를 목전에 두고 새 때문에 망친 것이다. 그런 사과를 볼 때마다 선뜻 풀밭에 내려놓기가 아까워 농장 주인에게 "이거 어떻게 하죠?" 하고 물으면, 엄교수의 대답은 가차 없다. "내려놓으세요!" 그만큼 선별작업이 엄격하다.

처음엔 손에 익숙지 않아 사과꼭지도 떨어트리고 상자에 넣을까 풀밭에 내려놓을까 망설이느라고 선별작업이 느렸지만 시간이 지날수록 점점 익숙해지고 속도가 붙는다. 나중엔 여유마저 생겨 앞산 뒷산에 울긋불긋 물든 단풍도 감상하고 티 없이 파란 가을하늘도 바라보며 빈 바구니가 빨갛게 익은 사과로 가득 채워질 때마다 수확하는 농부의 즐거움을 만끽해 보기도 했다.

오늘은 태어나 처음으로 과수원에서 일을 해본 날이다. 서툰 농부의 반나절 품삯으로는 후하게 쳐준 사과 한 상자를 끌어안고 집으로 돌아오는 길에 아주 짧은 순간이지만 도시생활을 청산하고 시골에 내려와 전원생활을 해볼까하는 생각을 해보았다. 아주 짧은 순간….

그때로부터 3년이 지났지만 나는 여전히 실천할 용기가 없어 오늘도 백화점에서 마트로, 마트에서 커피숍으로, 커피숍에서 미용실로 헤매며 살고 있다.

내가 본 인도

16일 만에 서울에 돌아왔다.
  신문, TV 등 변한 것이 하나도 없다. 북한 핵 문제는 여전히 뾰족한 해법이 없고 일본 수상은 여봐란듯이 정초부터 신사참배를 하고 미국은 이라크 문제에 여전히 발목이 잡혀있고…. 내가 본 인도는 이런 복잡한 일들과는 전혀 관계없이 살아가고 있다. 그들에게 정치적 이념이나 어떻게 사는 삶이 인간다운가에 대해 묻는 것은 호사고, 사치고, 난센스다. 하루하루 연명하고 구걸하고 잠자리를 찾는 것이 삶의 과제다. 뭄바이에 도착해서 제일 처음 충격을 받은 것은 거리에서 자는 인도인들이었다. 보리자루 내던져진 것처럼 아무렇게나 나뒹구는 검은 물체들은 모두 길거리에서 잠자는 걸인들, 아니 인도인이다. 웅크리고 자는 모습이 어찌 그리도 작은지 마치 우리나라 초등학생 체구 같다.

태어나서 처음 본 인도는 인간이 어떤 최악의 환경에서까지 생존할 수 있는가를 실험하는 시험장 같았다. 인간이 도저히 살아갈 수 없을 것 같은 쓰레기 더미 속에서, 질벅거리는 진흙탕 속에서, 언제 씻었는지 짐작도 할 수 없는 더러운 몸을 이끌고 구걸을 하며 하루하루를 살아가고 있다. 걸음마를 시작할 정도가 되면 구걸을 한다. 그들에겐 부끄러움도 수치심도 없는가 보다. 구걸은 생존의 한 수단이다. 손을 내밀고 바라보는 눈동자가 너무 애절하여 적선을 하면 돈을 어디론가 번개처럼 감추고 그 자리에서 또 다시 손을 내민다. 염치도 없다. 돈을 얻어낼 때까지는 최선을 다하지만 일단 돈을 얻고 나면 언제 보았냐는 듯이 쌀쌀맞게 돌아선다. 처음엔 배신감마저 들었지만 인도인의 종교관을 알고 나서 이해가 되었다. 그들의 종교 철학으로 해석하면 적선을 행한 사람이 복을 받게 되고 자신들은 상대방으로 하여금 복을 짓게 원인을 제공해 주었으므로 당당해도 된다는 것이다. 얼핏 들으면 고차원적인 종교 철학 같기도 하고 또 한편으로 생각하면 고차원적인 사기극 같기도 하다. 인도를 여행하다 보면 이런 일은 비일비재하다.

인도 하층민들이 사는 모습을 보면 연민의 정을 넘어 분노가 치밀어 오른다. 위정자들은 문맹퇴치와 국민들의 최저 생활을 위해 어떤 정책을 펴고 있는지, 상류층들은 그들이 누리는 부(富)의 일부를 없는 자를 위해 좀 나누어 줄 수는 없는지. 도시 하층민들이 무얼 먹고 살며 어디서 사는지 알고 있는지 묻고 싶다. 그러나 과거에도 그랬고 현재에도 그러하듯이 미래에도 그것을 상류 지배층에게 기대하기는 힘든 일 같다. 힌두교 자체가 계급을 인정하고 빈부의 차를 전생의 업보로 해석하기 때문이다.

 힌두교는 인도의 오랜 종교이자 관습이자 삶 자체다. 삶속에서 일어나는 모든 일들을 운명으로 돌리고 좋든 나쁘든 모든 걸 전생의 업으로 생각하는 이들에게 현실은 내세로 가기 위해 잠깐 들렀다가는 간이정거장에 불과하다는 생각이다. 그리하여 인도인 대부분은 스스로 힌두교라는 종교의 덫에 걸려 한 발자국도 앞으로 나가지 못한다. 현실보다 내세를 더 중요시하는 종교는 문제가 있다. 순진한 민중들이 하루 빨리 현실에 눈을 뜨기를 바라는 마음 간절하다.

 요사이 매스컴을 통해 인도 관련 뉴스를 들으면 IT산업을 중심으로 경제가 매우 빠르게 성장하고 있다고 한다. 하지만 도시 하층민이나 농민들의 생활이 빠른 시일 내에 나아지리라고는 생각지 않는다. IT산업이 어떤 산업인가. 못 배운 사람에겐 그림의 떡일 수가 있지 않은가. 농촌을 여행하다 보면 아직도 수천 년 전 생활 관습 그대로 항아리를 머리에 이고 먼 곳으로 물을 뜨러 다니는 아낙네들이나 소똥을 빚어 마당이나 벽에 늘어놓고 말리는 집들이 많이 눈에 띈다. 낙후된 농촌사회까지 소득이 늘고 첨단 문명의 혜택을 누리려면 오랜 시간이 걸릴 것이다. 아니 영원히 그런 일은 일어나지 않을 수도 있다.

　그들이 언제쯤 가난의 대물림에서 벗어나 인간답게 살아갈 수 있을까. 그들 스스로 운명에 순종하는 종교적 굴레에서 벗어나 자신의 운명을 개척해 나갈 실력과 용기를 갖춰야 하는데 그러려면 그것을 깰만한 자아의식이 생겨나야 하고 자아의식을 높이려면 문맹에서 벗어나야 하는 길밖에 없다. 그러나 아쉽게도 인도정부는 국민의 문맹에 대해 그리 신경을 쓰는 것 같지가 않다. 현재 인도의 문맹률은 50%에 이른다. 혹시 지배층 마음 깊은 곳에 민중들이 문맹에서 깨어나는 날 그들의 입지가 위태롭게 되리라는 걸 알고 있는 것은 아닐까?

　이번 인도여행은 오랫동안 준비하고 별러서 다녀왔다. 그러나 마음속으로 상상하던 인도와는 너무나 거리가 멀었다. 어떤 이들은 인도를 정신적 차원이 높은 나라라고 극찬하지만 내가 본 인도에서는 고대 문화유적을 제외하고는 현실에서 차원 높은 정신문화는 어디에서도 찾아 볼 수 없었다. 내가 너무 현실적이어서인지, 아니면 영(靈)이 흐려서인지는 모르겠지만, 지금도 멍한 상태다.

　시체가 떠다니는 강 한쪽 귀퉁이에서 목욕을 하고, 바로 그 옆에선 이를 닦고, 그 물을 성수라고 물동이에 정성껏 퍼 담고, 맨발로 쓰레기더미를 뒤지는 어린 소녀 옆엔 비루먹은 소가 먹이를 찾아 헤매고, 어린아이를 옆구리에 끼고 구걸하는 여인 옆엔 몽당다리에 뭉툭한 손마디를 내밀며 구걸하는 노인이 앉아있고, 냄비 하나 밥그릇 몇 개 들고 대를 이어 거리에서 태어나고 먹고 자는 인도인들에게서 어떻게 차원 높은 정신문화를 기대할 수 있으리오.

인도의 차원 높은 정신문화는 모두 박물관에 박재되어 있다. 박재돼 있는 박물관 속의 문화는 서민층이 향유하던 문화가 아니고 상류 지배층이 향유하였던 문화다. 그러므로 인도 문화는 철저히 2원화 되어있다고 해도 과언이 아니다. 힌두교 사원이나 성, 궁전들은 너무나 화려하고 거대해서 어리둥절할 지경이지만 그 문밖을 나서면 새까만 손을 내밀고 어른, 아이 할 것 없이 달려드는 걸인들 때문에 곤혹스럽다. 인도인들이 남긴 찬란한 문화유산과 오늘날 인도인들의 살아가는 생활모습과는 너무나 동떨어져서 그들의 후손이 오늘날 거리를 배회하고 구걸을 하며 살아가는 저 인도인이 맞나 하는 생각이 들 때가 많다.

해질 무렵, 어둠에 묻힌 갠지스강가에서 뿌자라고 부르는 힌두교 의식이 거행된다. 시간에 맞추기 위해 릭샤를 타고 부랴부랴 도착했으나 좋은 자리는 이미 다 차지하고 없다. 좋은 사진 자료가 될 것 같아 이리저리 자리를 옮기며 셔터를 눌러보지만 해가 저물어 사진이 잘 나올지는 의문이다. 사리를 둘러쓴 원주민들 사이사이로 외국 관광객들이 많이 눈에 띈다.

힌두교 의식은 횃불로부터 시작된다. 사람의 정신을 혼미 시키

듯 몽롱한 가락이 흘러나오고 그 가락에 맞춰 하얀 의상을 입은 젊은 사제들이 횃불을 들고 갠지스강을 향하여 덩실덩실 춤추면 사람들은 몸을 앞뒤로 흔들며 꺼억꺼억 울부짖는다. 현실 세계의 사람들 같지가 않다. 모두 몽유병 환자들 같다. 이 의식에 참여하기 위해 아침부터 자리를 잡고 구걸을 하며 기다리는 노인들이 많은데 이런 노인들은 대부분 죽을 때가 되서 갠지스강을 찾아온 사람들이다. 의식의 절정은 촛불을 켠 꽃잎을 강물에 흘려보내는 순서다. 꽃잎에 실려 남실대며 흘러가는 저 수많은 촛불들은 과연 어디로 가는 걸까? 힌두교 의식은 사람의 혼을 마비시키는 요소가 다분히 들어있다. 그래서 심기가 약하거나 체력이 약한 사람은 쉽게 그 세계로 빠져들 것 같다.

거지도 죽을 때는 자기 몸을 태울 장작 살 돈을 지니고 죽는다는 재미있는 나라, 돈을 주고 산 장작만큼 태워지다 덜 타도 그대로 버려진다는 기막힌 나라, 죽은 뒤에 갠지스 강물에 뼛가루를 흘려보내면 극락에 갈 수 있을까? 죽음은 정말 업장소멸하고 다음 생에 다시 몸 받아 태어날 수 있는 축복일까? 현실에 순응하게 만들려는 사탕발림은 아닐까? 참 알다가도 모를 종교다.

촛불에 실려 둥실둥실 떠가는 꽃잎은 지금 어디쯤 흘러가고 있을까? 인도여행은 의문으로 시작하여 의문으로 끝을 맺는다. 지금도 갠지스강 화장터에서 피어나던 흰 연기와 까만 눈의 소녀가 내밀던 작은 손이 자꾸만 눈앞에 어른거린다. 이것이 내가 본 인도다.

경복궁에서 만나요

 나는 친구나 지인을 만날 때 종종 고궁에서 만난다. 그날 기분에 따라 어떤 날은 창경궁(昌慶宮)에서 어떤 날은 경복궁(景福宮)에서 또 어떤 날은 덕수궁(德壽宮)에서 만난다.
 커피숍을 두고 고궁을 선택하는 이유는 우선 시원해서 좋고, 담배 연기 신경 쓰지 않아서 좋고, 사계절 변화를 느낄 수 있어서 좋고, 넓은 뜰을 걷다보면 운동이 돼서 좋고 열거할 것은 부지기수다. 우리 곁에 조선 왕조 500년 역사가 고스란히 흐르는 궁궐이 있어서 언제라도 보고 싶으면 한걸음에 달려가 볼 수 있다는 것은 대단한 축복이다. 이런 축복 아래 살면서도 서울시민들은 그 행복을 모르는 것 같다. 오히려 수백만 원씩 여행비를 들여가며 남의 나라 궁전은 열심히 보러 다니면서 지척에 있는 우리나라 궁전에는 별 관심이 없어 보인다.

입춘이 지났다고는 하나 아직 찬바람의 위용이 칼끝처럼 남아있는 2월, 단짝 친구와 경복궁에서 만났다. 아무리 칼바람이 위용을 부려도 춘색이 완연한 걸 보니 계절의 변화는 그 누구도 거스를 수 없나보다. 경회루(慶會樓) 연못가에 버드나무도 제멋에 겨워 축축 늘어지고 살얼음판이 군데군데 남아있는 연못가에도 물고기들이 유유자적 헤엄치며 노닌다.

경복궁은 서울에 있는 4대 궁궐 중 정궐(正闕)로서 조선왕조의 상징이며, 우리 민족의 자존심이라 할 수 있는 곳이다. 이런 사실을 누구보다 잘 아는 일제는 35년간의 식민통치 기간에 경복궁을 철저히 훼손시켜 우리 민족의 자긍심을 짓밟아놓았다. 원래 300동이 넘는 건물이 있었으나 현재 남아 있는 건물은 불과 36동, 다행히 1990년대부터 경복궁 복원공사가 진행 되고 있어 머지않은 장래에 본래 모습을 볼 날이 올 것이다.

향원정(香遠亭)으로 향하는 길목에도 봄이 찾아 왔다. 산수유 가지마다 카운트다운을 기다리는 선수들처럼 탱탱하게 부푼 꽃봉오리들이 앞 다퉈 벙글 준비를 하고 꽃물이 노랗게 든 개나리도 언제 꽃봉오리를 터트릴지 아슬아슬하다. 그런데 이 아름다운 길목에 보기 싫은 건물 하나가 떡 버티고 있다. 보지 않으려 외면해도 덩치가 크고 높아서 볼 수밖에 없는 건물, 그것은 바로 국립민속박물관이다. 한국인의 얼이 담기고 손때가 묻은 민속품을 보관하는 민속박물관을 어찌해서 우리가 가장 싫어하는 인접국가의 건물 양식을 흉내 내서 지었을까. 가장 한국적이어야 하는 건물이 어쩌다가 국적 없는 건물이 되었을까 참으로 안타까운 일이다.

국립민속박물관을 보며 짜증난 마음은 왕비가 거주했던 공간, 교태전(交泰殿)의 후원 아미산을 거닐며 가라앉는다. 아직은 꽃이 필 계절이 아니어서 조금은 쓸쓸하지만 녹음방초가 우거지는 계절에 오면 절로 탄성이 흘러나온다. 경회루 연못을 만들며 파낸 흙으로 만들었다는 인공 산, 아미산(峨眉山)에서 가장 눈길을 사로잡는 것은 박쥐 문양과 사군자 문양이 새겨진 6각형 모양의 붉은 굴뚝이다. 파란 하늘을 배경으로 서 있는 아미산 굴뚝이 연출하는 스카이라인은 너무 아름다워서 눈물이 날 지경이다. 중국의 자금성이나 이화원처럼 거대하지는 않지만 아기자기하고 우아한 조화미는 우리나라 궁궐이 훨씬 아름다운 것 같다.

교태전을 지나서 자경전(慈慶殿)으로 통하는 중문에 들어서자 "우와!" 감탄사가 절로 터져 나온다. 이곳은 왕실의 어른, 조대비(趙大妃)가 거처했던 곳으로 열두 살 어린 고종이 즉위하는데 결정적인 역할을 해준 조대비를 위하여 흥선대원군이 보은의 의미로 지어 준 건물이다. 용마루에서부터 처마까지 곡선을 그리며 시원하게 뻗어 내린 기와지붕과 아기자기하게 꾸며진 정원과 꽃무늬를 새겨 장식한 꽃담이 조화를 이루어 조선후기 건

축예술의 절정을 이룬다. 군자의 절개와 지조, 부귀영화를 상징하는 꽃들과 갖가지 기하학적인 문양을 조화롭게 배합시켜 만든 꽃담은 담장으로의 역할뿐 아니라 그 이상의 정신적 세계를 구현해 놓은 예술품이다. 불과 백여 년 밖에 지나지 않았는데 그 장인들은 모두 어디로 사라진 것일까, 오늘날의 살벌한 콘크리트 담장과는 너무 대조가 된다.

자경전 앞마당에 서 있는 살구나무 고목에도 봄빛이 완연하다. 자경전의 숨은 멋을 보려면 뒤뜰을 봐야 한다. 대부분 자경전 꽃담에 넋이 팔려 뒤뜰에 있는 굴뚝은 놓치기 쉬운데 보물 제810호로 지정된 십장생 굴뚝을 보지 않으면 자경전을 보았다고 할 수 없으리라. 자세히 들여다보면 해, 산, 바위, 소나무, 거북, 사슴, 학, 포도, 대나무, 불로초, 박쥐 등, 자손의 번영과 부귀영화, 장수를 상징하는 동·식물들이 조각되어 있다. 한갓 연기를 배출시키는 굴뚝에 이토록 정성을 들이고 멋을 낸 우리 선조들의 정신적 여유는 어디로부터 온 것일까?

오늘은 운이 좋은 날인가 보다. 궁궐을 막 나오려는데 울긋불긋 강렬한 원색 옷과 깃발을 든 젊은이들이 북소리와 호적소리에 맞춰 느릿느릿 발동작과 손동작을 되풀이 하며 엄숙하게 걸어 나오고 있다. 바야흐로 광화문 수문장 교대식이 펼쳐지고 있는 것이다. 불현듯 영국의 근위병 교대식이 떠오른다. 십여 년 전 버킹검 궁전의 근위병 교대식을 보러 갔다가 세계 각국에서 몰려온 사람들이 어찌나 많은지 가까이는 접근할 엄두도 내지 못하고 먼발치서 너풀거리는 옷자락만 보고 돌아선 적이 있다. 우리도 경복궁 수문장 교대식을 세계적인 관광 브랜드로 끌어 올릴 수는 없을까?

지금 수문장 교대식이 펼쳐지고 있는 넓은 마당은 조선총독부 건물이 서 있던 장소다. 아직도 이곳에 기다란 건물이 가로막혀있다고 상상해보라. 얼마나 답답할까. 막혔던 건물이 사라지니 근정전의 위용이 되살아나고 무엇보다도 인왕산의 정기가 시원스레 경복궁 한가운데로 모아지는 것 같아 살 것 같다.

경복궁의 정문은 광화문이다. 광화문을 나설 때는 반드시 뒤를 한 번 돌아보라. 어찌 보면 귀여워 보이기도 하고 또 어찌 보면 험악해 보이기도 하는 동물상이 양쪽으로 앉아있다. 이 해태상은 상상의 동물로서 물을 상징하는 동물이다. 풍수지리에 밝은 무학대사(無學大師)가 한양을 수도로 정하고 궁궐터를 이곳으로 잡았을 때 가장 우려되는 문제가 화기(火氣)였는데 그 화기를 진압하기 위한 비보책(裨補策)으로 세운 것이 바로 저 해태상이다. 그러나 경복궁은 실제로 여러 차례 화재가 났다. 임진왜란 때 전소되다시피 하였고 흥선대원군이 경복궁을 중건할 때도 거의 완공을 앞두고 화재가 났고, 6·25동란 때도 화재가 났다. 그러고 보면 풍수지리설이 괜한 헛소리만은 아닌가 보다.

경복궁을 나와서 한국일보사 쪽으로 고개를 돌리면 길 한복판에 매연을 흠뻑 뒤집어쓰고 서 있는 건물이 있다. 이것은 동십자각(東十字閣)이라고 불리는 건물인데 원래는 경복궁 동남쪽 담장 모퉁이 안에 망루로 세운 건물이었으나 일제가 조선총독부 건물을 지을 때 경복궁 경내를 좁히고 담장을 안쪽으로 들여쌓으면서 길 한가운데로 떨어져 나와 앉게 된 것이다. 궁궐 안에 살던 여인이 어느 날 갑자기 아무 잘못도 없이 궁궐 밖으로 쫓겨나간 것과 무엇이 다르리. 해방 70년이 지났건만 못난 후손들은 아직도 동십자각을 거리 한가운데 방치해 두고 매연에 찌들어가게 하고 있다. 언제쯤이나 쫓겨나와 있는 동십자각을 궁궐 안으로 모셔 들여놓을 수가 있을까. 오늘따라 저물어가는 석양빛을 온몸으로 받으며 묵묵히 서 있는 동십자각이 애처로워 보인다.

꽃 따라 바람 따라

　어제 갑자기 동생한테 전화를 걸어 내일 당장 꽃구경을 떠나자고 한 것은 남쪽에서부터 올라오는 꽃소식을 앉아서 기다리기 지루하고, 이사람 저사람 일행 불러 모으고 여행계획을 세우다보면 달구어졌던 마음이 식어 버릴까봐 내킨 김에 바로 떠나려한 것이다. 아니, 그보다는 퇴직 후 처음 맞는 봄을 만끽하기 위해서라는 말이 더 솔직한 표현일 것이다. 아마 동생이 못 간다고 했으면 나 혼자서라도 나섰을 것이다.
　3월이라고 하지만 아직은 바람결이 차다. 바람을 가르며 오랜만에 고속도로를 달리니 시원하면서도 약간은 긴장된 기분이다. 나이 들수록 고속도로 운전이 힘들고 겁나지만 그나마 손 놓아 버리면 영영 동네 면허로 살 것 같아서 독한 마음먹고 운전대를 잡았다.

첫 번째로 들른 음성휴게소, 교직생활을 하면서 언제나 주말이나 공휴일, 방학 때만 길을 떠났으므로 붐비고 소음으로 터져나갈 것 같던 휴게소만 보다가 조용하고 한적한 휴게소 화장실을 보니 오히려 이상하다. 마치 숨겨놓은 비밀의 방을 엿본 것 같다. 누라 뭐래도 휴게소의 즐거움은 커피를 마시는 즐거움! 한가로이 햇볕이 따스하게 내리쬐는 비치파라솔 테이블에 앉아 자판기에서 갓 뽑아온 커피를 한 모금 삼키니 행복이란 단어가 절로 입 밖으로 터져 나온다.

'아~ 얼마 만에 얻은 자유인가! 얼마나 갈구하던 봄볕 아래 호젓한 여행인가!'

이번 여행의 목적지는 전라남도, 그중에서도 제일 먼저 찾아갈 곳은 선암사. 초행길이라 휴게소마다 들러 지도를 보고 가는 길을 체크하며 달리고 있다. 회덕분기점에서 호남선으로 갈아탄 다음 승주IC로 나가면 될 것 같다.

드디어 선암사에 도착! 주차장에 차를 세우고 절을 향해 산길을 걸어가는데 이른 봄이라 그런지 아직은 주변 경관이 삭막하다. 그래도 춘심은 숨길 수 없는 듯 여기저기 이름 모를 풀들이 파란 새싹을 내밀고 양지 녘에 피어 있다. 꽃이 덜 피면 어떠랴, 이렇게 즐거운데…

얼마쯤 걸었을까, 다리가 뻐근해질 무렵, 어디서 많이 본 듯한 다리 하나가 시선 안으로 성큼 들어온다. 그 유명한 승선교

(昇仙橋)다. 그동안 달력 속에서 숱하게 보아왔지만 다리 앞에 서니 가슴이 두근거린다. 어느 장인의 손이 저토록 아름다운 다리를 쌓아올렸을까. 계곡에 걸쳐있는 다리의 규모나 돌을 차곡차곡 쌓아올려 만든 우아한 곡선이 볼수록 절묘하다. 포수가 사냥감을 발견한 듯 카메라를 들고 위로 아래로 분주하게 오르내리며 셔터를 눌러대지만 만족스런 사진은 나오지 않는다.

잠시 사진 찍기를 멈추고 다리 아래를 굽어보니, 엊그제 내린 봄비로 제법 늘어난 시냇물이 커다란 웅덩이에 명경지수를 그려내고, 돌 틈 사이를 돌아 흐르는 시냇물이 작은 폭포를 만들며 낮은 곳으로 흘러내리고 있다. 이 정도의 운치면 잠시 속세의 욕심일랑 떨쳐버리고 명경지수에 마음을 씻어보는 게 더 낫지 않을까. 사진이 잘 안 나온들 어떤가, 마음속에 새겨 넣으면 되지.

지금 남녘은 온통 매화향기로 가득하다. 가는 곳마다 매화꽃잎이 바람에 실려 휘날리고 매화향이 코끝을 간질인다. 선암사 경내에도 매화꽃이 흐드러졌다. 대웅전 앞마당엔 족히 수백 년은 됨직한 매화나무 고목들이 저마다 자태를 뽐내며 서 있고 흑룡의 용틀임인 양 힘차게 틀어 올라간 가지에는 갓 피어난 하얀 꽃잎이 멀리 바라보이는 만세루 기와지붕 위로 걷잡을 수 없이 날아오른다. 봄바람 난 여인을 누가 막으리오.

얼마 만에 접해 보는 남녘의 정취인가. 홀린 듯 꽃을 따라이 구석 저 구석을 거닐다보니 나도 모르게 인적이 드문 사찰 뒤쪽으로 발길이 닿았다. 선암사는 경내 어느 구석을 가 보아도 정리 정돈이 잘 되어 있다. 꽤 구석진 곳인데도 정성들인 손길이 엿보인다. 나지막한 황토 돌담 위에 기왓장이 가지런히 올라 앉아 있고 거기에도 매화꽃이 흐드러지게 피어 있다. 매화꽃은 도시의 아스팔트나 시멘트벽보다 시골의 황토 담장이나 기와지붕에 잘 어울린다. 정신없이 셔터를 누르고 있는데 때마침 소풍 나온 까치 부부가 매화나무 가지 위에 앉아 모델이 되어 준다. 기특한 녀석 같으니라고!

선암사에서 너무 많은 시간을 보냈나 보다. 다 저녁에 서둘러 꽃 절로 유명한 금둔사(金芚寺)로 향했다. 선암사에서 순천 방향으로 30분 정도 산길을 달리다 보면 금전산 기슭에 아담한 절 하나가 나오는데 이 절이 요즘 납월매를 보러 오는 사람들의 입소문으로 유명세를 타고 있는 금둔사다.

납월매(臘月梅)는 눈 속에서 핀다하여 설중매라고도 부르고 꽃 색깔이 붉다하여 홍매화라고도 부른다. 경내에 모두 여섯 그루가 있지만 때를 맞추어 납월매가 만개한 모습을 보기는 어렵단다. 해질녘에 어렵사리 찾아 갔으나 납월매는 이미 진 후였고, 그 옆에 흔히 볼 수 있는 매화꽃이 만개하여 자기도 매화라고 손짓한다. '납월매가 아니면 어떠리, 매화꽃이면 되지' 하고 마음을 달래보지만 그래도 못내 아쉽다.

해가 저물 무렵, 벌교에서 소문난 꼬막식당을 찾아 나섰다. 미리 인터넷으로 검색을 하여 알고 갔던 터라 꼬막식당을 찾는 데는 그리 오랜 시간이 걸리지 않았다. 참으로 편리한 시대다. 천리 타향에서도 구미에 맞는 음식을 찾아 이렇게 쉽게 올 수 있다니, 꼬막식당은 먼 길을 달려온 나그네를 실망시키지 않았다. 상다리가 부러질 정도로 푸짐하게 상에 오른 꼬막요리들은 모두 맛있고 싱싱했다. 생전에 이렇게 한꺼번에 꼬막요리를 많이 먹어 본 것도 처음이다. 꼬막파전, 꼬막무침, 꼬막사라다, 꼬막탕, 꼬막강회, 그런데 맛보다 더 맘에 드는 것은 가격이다. 1인분에 1만원.

　저녁을 먹고 나니 슬그머니 잠자리가 걱정된다. 이럴 때는 식당 주인에게 넌지시 물어보는 것이 상책인 것을 경험을 통해 알고 있는 터, 식당주인에게 하룻밤 머물 곳을 추천해 달라고 하니 두말 할 것도 없이 궁전모텔로 가란다. 모텔 하면 왠지 찜찜한 생각이 들어 잠시 망설였지만 뾰족한 수도 없는 처지인지라 가르쳐 주는 대로 찾아 나섰다.

　해진 후 벌교에서 궁전모텔을 찾는 일은 식은 죽 먹기다. 이름값을 하느라 벌교읍이 한눈에 내려다보이는 높은 언덕에 궁전처럼 호화롭게 오색 네온등을 번쩍거리며 서 있다. 아무렴 어떠랴, 하룻밤 자면 떠날 나그네인데, 그런데 방바닥이 너무 뜨거워 통닭 되는 줄 알았다. 이튿날 아침, 모텔을 나오며 주인에게 이렇게 불을 때줘도 타산이 맞느냐고 물으니 심야 전기를 쓰기 때문에 괜찮단다. 그래도 그렇지….

아침 일찍 낙안읍성으로 향했다. 조선시대에 만든 3대 읍성 중 고창읍성과 해미읍성은 가봤으나 낙안읍성은 이번이 처음이다. 모두 평지에 있다는 공통점과 왜구들의 침입을 막기 위해 만들었다는 공통점을 갖고 있는 것을 볼 때, 얼마나 왜구들의 약탈이 심했는지, 왜구들이 얼마나 해안에서 멀리 떨어진 내륙 깊숙이까지 침입했는지 알 수 있다. 울긋불긋 깃발이 꽂혀있는 성루에 올라가 읍성을 내려다보니 성을 지키는 장수라도 된 듯 마음이 우쭐거린다.

낙안읍성은 다른 읍성과 달리 옛 모습이 많이 남아있다. 특이한 것은 옛 읍성을 보존만 하는 것이 아니라 현재도 주민을 성안에 거주시키며 읍성의 분위기를 재현하고 있는 점이다. 작은 텃밭엔 파릇파릇 채소가 자라고 물레방아도 돌고 주막집에선 술도 팔고 음식도 판다. 더 재미있는 것은 빨랫줄에 널린 옷가지들이다. 사람 사는 모습이 다 똑같지 하면서도 신기한 마음을 떨쳐버릴 수가 없다. 마치 타임머신을 타고 몇 백 년 전 조선시대로 되돌아 간 느낌이다.

어슬렁거리며 민속마을을 돌아다니다보니 거의 반나절이 지났다. 슬슬 피곤이 밀려든다. 집에 갈 걱정이 태산이다. 아침까지만 해도 하늘을 찌를 것 같던 패기는 어디로 사라지고 이제는 지쳐버린 노파가 되어 중얼거린다.

"에고~ 에고~ 힘들어라! 봄바람은 아무나 피나! 청노새가 있으면 등에 타고 꾸벅꾸벅 졸면서 가면 좋으련만!"

무려 7시간 운전 끝에 집에 돌아와 계기판을 들여다보니 어제 출발할 때 제로였던 숫자판에 930이란 숫자가 선명하게 새겨있다. 장장 930킬로의 행군!

아들아. 엄니 돌아왔다!